迷える社会と迷えるわたし

精神科医が考える平和、人権、キリスト教

香山リカ
Rika Kayama

キリスト新聞社

はじめに

元外務省官僚で作家の佐藤優さんと、親しく友だちづき合いをさせてもらっている。よく知られているが、同志社大学神学部卒の佐藤さんは篤い信仰を持つクリスチャンだ。

佐藤さんに会うたび、「香山さん、まだ？」と尋ねられる。「まだ？」とは「洗礼はまだ？」という意味だ。そう、私は長く長く求道中で、時間があるときには日曜礼拝にも出かけているのに、なかなか洗礼を受けられずにいるのだ。佐藤さんはそのたびに、「香山さんほどキリスト教的な人はいないのになあ」といたずらっぽく笑う。

おそらく本書を読んでくださる方の多くは信仰を持っているか教会に近いはずだから、「なぜ教会へ」という話はここでは省き、「なぜ受洗に至らないのか」を自分の整理のためにも箇条書きにしてみよう。

①父親の遺骨がお寺の納骨堂にあるから
②世界でいちばん好きな作家マイケル・ダグラス（『銀河ヒッチハイク・ガイド』シリーズで有名）が、筋金入りの無神論者だから
③ひとに「あなたクリスチャン?」と言われることが多く、「はい」と答えるとそれで説明が終わってしまうから

このうち、①は日本人にはよくある理由だと思われる。しかし、私の父は、自分の親戚がそうだったから一応、仏教徒のような顔をしていたが、実は晩年、プロテスタント教会の聖書クラスに通っていた。その教会は私も子どものころ教会学校に通ったところで、父が亡くなってから帰省の機会に顔を出して、女性の教会員に「お父さん、熱心に聖書を勉強して、私たちにいろいろ教えてくださったんですよ」と言われたこともあった。だから、もし私が洗礼を受けても、父は決して「バチアタリめ」などとは言わないだろう。

②については、あまり理由になっていない。そのマイケル・ダグラスは同じく無神論者として知られるリチャード・ドーキンスの親友なのだが、ふたりとも宇宙とは、人間とは、と深く考察する著作などで知られ、そういう意味では佐藤優さんではないが、ある意味で非常に

キリスト教的な人間だともいえるからだ。

私にとって大きな問題は、実は③だ。

本書でもちょっとエラそうに話しているように、私は近年、平和や人権についていろいろと発言をしている。簡単に言えば、戦争はやめよう、ひとは平等、弱い人にも生きる権利はある、といった内容なので、それを聴いた人は「あなたクリスチャンなの？」と言うのだ。「聖書にも似たようなことが書かれてますよね」と、より具体的に聞かれることもある。

そのたびに、私はこう考えてしまう。

「ここでもし『ハイ』と答えたら、そこで相手は『あー、やっぱり。だから平和、平和って言うのね』と納得し、考えるのをやめてしまうのではないか。それよりも、『クリスチャンではありませんよ。でも平和や人権は、クリスチャンだからとか聖書に書いてあるからとか関係なく、すべての人に大切なことなのではないでしょうか』と言えるのではないか……」

もちろん、こんな表層的な理由で受洗に背を向けるとは、なんておかしなことなのだろう、と非難されるのはよくわかっている。しかし、私にとってこれはけっこう大きな問題なのだ。

誰か私に教えてほしい。

もし私がクリスチャンになって、平和や人権を説いて、誰かから「あなたクリスチャンだからそんなことを言うんでしょう?」と聞かれたときに、「そう、神様を信じてますよ」と答えたあとに、なんと続けるべきなのか。「神様の教えに従って、平和や弱者の人権の話をしています。だから、あなたもいっしょに聖書を読んで、神の平和について考えましょう」と言うべきなのか、それとも「クリスチャンであることと、ここで平和のお話をしたこととは関係ありません。あなたもクリスチャンじゃないままでよいから、平和な社会にできるよう、一緒に考えましょう」と言うべきか。

これから私がキリスト教や教会に関係した人たちの前で大胆にも語った話がいくつか続くが、その中でこの問いの答えはどう示されるのか。よかったら、いつまでも迷える私のためにそれも考えながらお読みください。

目　次

目次

2010年7月19日

「教会と癒し——精神科医として、個人として、教会に求めること」

雑誌「ミニストリー」（キリスト新聞社）創刊1周年セミナー講演

「生きるのがしんどい」学生たち

『しがみつかない生き方』（幻冬舎新書）という本を２００９年に出しました。お金に執着してしまったり、依存してしまったり、競争にとらわれてしまったり、そういう生き方はそろそろやめませんかという本なのですが、そのせいか、よく「香山さんの考えの根本にあるのは仏教なんじゃないですか？」と言われて、仏教者の人と対談してくださいとか、お寺で講演をしてくださいと依頼されることがあるんです。「私は仏教者ではないのですが……」と言うと、「それは構いません。来られる聴衆の方もいわゆる信徒さんだけではなく一般の方にも広げていますからお願いします」と。これまで何回か、お寺の本堂でお話をしたこともあります。

私と教会の関係は後の話の中で少しずつするとして、私は精神科医です。ある診療所の精神科の外来をやっていて、今日は祝日で外来がお休みのためこちらに来ることができました。大学の教員もしているので、若い人たちに触れる機会も多いのですが、いずれにしても診察室にしろ大学にしろ最近の若い人たちは、非常に生きるのがしんどい。生きづらい、生きるのが困難だという人たちが大勢いらして、私は仕事柄もちろん昔からそういう方とは多く会ってきましたが、それにしても非常に増えていると思わざるを得ません。

というのは、病院にいればそういう人が来るのは当たり前なんですが、私が大学教員として授業をしていても、「何か質問ありますか」と言って誰も手を上げないから「終わります」と言って教室を出ようとすると、講義の後に4、5人が列を作っているんです。「質問があるならさっき手を挙げればよかったのに」と思いながら話を聞くと、「先生、どうしてもリストカットしちゃって……」とか、そういう深刻な話が日常的に聞かれます。「私の母がうつ病でこういう薬を飲んでいるんですが大丈夫でしょうか」とか。講義に行っているのか精神科の医師として相談に行っているのかわからないくらい、いろいろな相談を受けることがあります。

そういう学生たちが日ごろから問題が多いのかというとそうではなくて、きちんと授業を受けるしレポートを出すし、社会的には適応しているかのように振る舞っているわけです。話を聞くとバイトもしているとか、彼氏もいるとか、見た感じは元気でオシャレで今どきの若者という感じで、私たちはそういう表面的なところを見て、「元気だ」「何も問題ない」と勘違いしてしまうのですが、ただ「実は……」と打ち明ける話は病院の中で聞く話とほとんど同じ。

むしろ病院に来る若者たちは、ある意味ハラをすえて周りの人にも言って学校を休んだり仕事を休んだり引きこもったり、正々堂々と「病人」をしている人たちですから、病気を治すという治療のシステムに乗っかっているので、堂々といろいろ言えるんですよ。逆に大学に来ている学生のほうが、病人ではなく、学生、バイト先では従業員ですから周りから元気に振る舞うことを期待されてしまう。本人たちも元気そうにやっている。

「病人未満」であふれる社会

これは教員としての内輪話ですが、学生さんから「実はうつがあるんです。授業を5回休んでしまったんですが何とか単位くれませんか?」と言われた場合、私は病院の中であれば医者として、「それは仕方ない。大学の先生にちょっと単位もらえるように診断書書いてあげるから」と言えるけれども、教壇で先生として接するときには、「ここは病院じゃない。3回以上休んだら単位を出さないと書いてあるから特別待遇はできませんよ」と言わざるを得なかったりするんですよ。

するとその学生は、「先生、医者でしょ？」と期待した顔をするんですよ（笑）。こっちも二重人格じゃあるまいし、病院にいるときは医者として「いいよ休みなさい」と言って、大学にいるときは「特別扱いできない」と言ってすごく矛盾しているなと思いつつ、でも病院とか患者さんという制度の中に入ってないから一般の学生としてこっちも接するしかない。普通の社会のルールを押し付けてしまわざるをえない困難な状況が大学の中で生じたりもする。

これは企業でも同じです。私はいま産業医として、いくつかの企業の従業員の健康の相談に乗るという仕事をしています。そうするとまた厄介なんです。つまり産業医は、企業に雇われているから病院の医者ではない。しかし従業員たちは医者が来たということで、どこから報酬をもらっているかは気にせず、「先生、この会社はひどいんですよ。残業ばっかりでたいへんなんです。もう休みたいと思っているんですけど」というお話をされます。これが病院なら、「それはひどい会社ですね。真面目に通勤することはないですよ。体が大事なんだから『残業できません』と言って、定時で帰ったらいいですよ」とか、「会社にいる時間は手抜きをすればいい」とか言えるんですけどね。

でも企業の立場からアドバイスをしなければならないので、「もうちょっと何とか土日休むとかして、プロジェクトが終わるまで一緒にがんばりましょう」とか言わなければいけない。「この会社はひどい」と言われても、「会社も一生懸命に従業員のことを考えています」と言ったりしながら……。そういうことをしながら思うのは、病院の中でする仕事は、こちらは医者で相手は患者さんで、100%味方になって、その方たちを取り巻く環境が悪いんだということにして、病気がよくなるように一緒に治療を進めていくという立場がはっきりしている。

ところがこの時代、病気や病人という制度に入り込まないような、「病人未満」のような人たちが大学にも企業にも地域にも大勢いるわけです。その方たちは、あえて診断名というレッテルを貼って、薬を必ず飲まなければいけないとか、毎週1回病院に来なければいけないというほどではない。だけど、学校や会社でやっていくにはしんどい、たいへんという人たちですね。

皆さんもご存じのように、特に会社では一人ひとりに求められる要求の水準が高まり、人員が削減されて仕事がどんどん増えている。さらには勝ち抜けた人だけが高い報酬や評価を得られるという成果主義の中で、みんな気を抜けない。適応できないという人がいるのは当たり前だと思うのですが、ではその人たちは病気なのかと言えばそれも違う。はっきりした病名はつかない。治療の必要性もいますぐにはない。でも、いまの弱肉強食の会社とか学校とかで生きづらいという人たちがかなりの割合でいるわけです。その人たちをどこが受け入れてあげるか、その人たちの居場所がどこにあるのかというのが、非常に大きな問題になっています。

「止まり木」としての教会

ここで「教会が受け皿になる」と言ってしまえば、これで話が終わってしまうんですが（笑）、そういう人たちが居場所を見つけようと試行錯誤しています。そういう中で、いま若い人たちにとっては居場所の一つとして、インターネットの世界があると思うんです。そこだったら周りの人たちと直接顔が見えない。「しんどい」「いまの学校じゃやっていけない」と正直に言える。そしてそれを見ている人たちも、「実は……」と言って、同じような悩みを持ってる人が本音を話し合える。利害関係がないからこそ遠慮なく言えるようには一応なっています。

でも、インターネットだとなかなか次の一歩につながりません。顔の見えない相手に自分の心の中をいくら打ち明けても、現実を見れば何も変わっていない。あるいは、顔が見えないいために率直に自分の気持ちを言いすぎてしまって、それに対して返ってきた言葉に立ち直れないほど傷ついてしまう。あるいは話が悲観的なほうに行ってしまい、「生きていても仕方ないから、みんなで一緒に死のうか」という話になって、引っ込みがつかなくなり集団で自殺してしまうとか、いろいろな弊害や問題も出てきています。顔を見合って話していたら、もうちょっとやってみようという話も出てくるかもしれませんが。

地域で生きづらさを媒介にして集まり、何かをしようという若い人たちも出てきていますよね。今日たまたま午前中に、新潟から来た月乃光司さんという方とお会いしました。彼はアルコール依存症でひきこもり経験もあって、いまは新潟で会社員をやりながら「こわれ者の祭典」という変わった名前のグループをやっているんです。メンタル系のうつ病とか統合失調症とか、親から虐待を受けていたとか、そういう人たちが集まってパフォーマンスをやっているんです。月乃さんは詩を朗読する。それもただ朗読するのではなく、絶叫朗読。インターネットで動画も見られますから、関心のある人はぜひ見てください。「人生なんでもあり」とか、「アルコール依存になってありがとう」とか、とにかくものすごい迫力で自分の詩を怒鳴りまくるというパフォーマンスなんですよ。前から知っていたんですが、最近、東京で開催するときに審査員のような感じで参加するようになって仲良くなりました。

午前中に次はどんなことをやろうかと話していたら、月乃さんから「実は僕は新潟の教会の教会員なんです」という話を初めて聞いたんです。月乃さんは、そういう意味では「居場所のない若者たちの居場所の一つは教会だ」と言える理想の人で、今日連れてくれれば良かったですね（笑）。

彼は以前、アルコール依存症の自助グループにも属していて、匿名でアルコール依存の人たちが自分の体験を語りつつ、みんなで支え合ってお酒をやめるという会に行ったら、そこの中心メンバーが元アルコール依存の牧師さんで、「君は対人関係が下手だね」と言われ、「教会の青年会に入ってそういう人たちと交わってみたらどうか」と言われて行くようになったそうです。

それでその青年会にいる女の子を好きになっちゃって、その子の影響で洗礼を受けたんですって。その教会のクリスマス会で、みんなが次々に出てきて賛美歌とかを歌っている中で一人の人が、飛び降り自殺をしたという自作の歌を歌ってみんなドン引きしてしまったんですが、月乃さんはこれは面白いと思って、一緒にやろうよと言ってイベントを始めたと話をしていました。

月乃さんたちは教会に行くようになって、そこで仲間を見つけて止まり木のような場所として教会という場を発見して、そこから次のステップに行った。そういう人もいるわけです。先ほどから言っているように、病院に患者として組み込まれるわけではない。でも自分の止まり木はどこにあるんだろう。何かいまの競争社会、学校や企業ではない、うまくボランティアグループとか若者の小さなグループとかを見つけて、ここだと思えればいいけれど、自分の身近に同じ仲間がいるとは限りません。そうなったとき、月乃さんがそうだったように、教会はどこの地域にもあって、そこには人がいて定期的に礼拝をやっていたりする。

構造化された治療と礼拝

私の患者さんにも自助グループに行きたいという人も多いんですが、そういうところは不定期開催だったりするんですね。「次は10月と言われてしまった」「もう春は終わったと言われました」とか、いつやっているかわからない。それに比べれば、すごく変な言い方ですが、礼拝はいつも同じ場所でやっている。

これは精神科の治療と少し似ているところがあるんです。例えば、礼拝に最初来られる方でも、すごく信仰心が燃えているときは毎日来たいと思う方、おっしゃる方がいると思います。でも礼拝は基本的に日曜日ですよね。もちろん途中に（週の中日、水曜日などの）祈祷会などはあるかもしれませんが。これは精神科の診察も同じで、「毎日通いたい」という人はいるんです。先生と話したら気持ちが楽になった。明日も来ていいですか。明後日も来ていいですかと言う方もいるんですよ。これはよほどのことがない限り、基本的には1、2週間に1回、落ち着いてきたら1カ月に1回ということにしています。

場所もそうです。例えばある方は「先生と話すと楽になるから、3万円出しますから家に来てください」「2万円出しますから隣のスターバックスでゆっくり先生とお茶を飲みながら話をしたいんです」とか。そういう方もたまにはいます。「先生と診察室じゃないところで語りたいんです」という方もいます。でも、よほどのことがない限り病院に来てくださいとお願いするんです。しかも病院のロビーで雑談をするのではなく、「診察室に入ってお話しましょう」と言います。

これは意地悪で言っているわけではなくて、私たちの考えでは「治療を構造化する」と言いますが、ある構造に当てはめる。その方にとっては、毎週火曜日にあの病院に行けば先生がいて、その先生が自分のために15分とか20分語り合える時間を用意してくれて、その中で自分が話をできる。そうすると、来週までに何を話そうという気持ちになる。いつでも行ける、家にも来てくれる、スターバックスでも話せるとなると、本人も非常に依存的になってしまって、自分で決めることも「先生、決めて。どうしたらいいの」と本人がこちらに依存的になってしまう。そうするとその方も、これは先生の意見だったのか、私が決めたことだったのか、その境界があいまいになってしまって、心が混乱してしまうんです。

ある意味、治療も構造化して決められた時間、決められた場所に毎週行くことで本人も心がしっかりと整理され、そこを中心として生活や心の中が立ち直っていくということがあるんです。私は、教会の礼拝に毎週日曜日の何時という時間に来る。そこに行けば礼拝が行われている、守られている。例えば調子が悪くて行けなかった、でもいまやっているだろうな、あるいは来週行けばまたやっている。患者さんもそうです。「今週どうしても行けません」と。そうしたら、「わかりました。来週の同じ時間でお取りしておきますのでお出でください」と言って、翌週来ていただくというふうにする。

もちろん医者は転勤とか病気で辞めてしまったりはあるけれど、基本的には1回同じところへ行けば同じようにやっているという精神科の医療の進め方と教会のあり方はちょっと似ているところがあるのかなと思うんです。

そういう意味で、病院で抱えきれない人を教会でお願いしますというつもりはないのですが、そういう場所を求めている、どこにもつながることができない、インターネットでかろうじて顔も見えない相手にしか本音を言えない、そういう生きづらい人たちのために教会が果たす役割――もちろん場所だけの問題ではなく、キリスト教という宗教の問題のことなんですが――ある種、そういう役割があるのではないかと思うんです。

気軽に足を踏み入れられない空気

ところが、私は立教大学で教えていますが、キリスト教精神に基づく大学で、大学内に立派なチャペルがあり、チャプレンも何人もいて、毎週2回のチャペルアワーという昼休みの礼拝や講演会、セミナーもあるんですが、意外にそこが利用されていない。キャンパスには、相談に行くところがないんです、居場所がない、教室にもなじめない、みんな元気で就職やTOE

ＩＣの点数や、前向きな話ばかりでついていけない……そういう学生たちもいる。「私はここで相談に乗れる時間も限られているし、いつもいるわけじゃないから、ちょっとチャペルに行ってみたら?」「チャペルアワーに参加して、お話を聞いたり、賛美歌を歌ったりしたらいいんじゃないの?」と言うんです。そうすると、「教会ですか。ちょっと嫌だな」「先生、そんなとこを勧めるの?」みたいな、何か皆に受け入れてもらえないことはあります。別に「チャペルに行くことを勧めてはならない」「宗教的な話をしちゃいけない」というわけではないんですが、案外そういう話を授業の中でする先生もいないし、チャペルのイベントの時間に会議が入っちゃったりして〝キリスト教精神〟は優先されていないんですね。

あってないようなものと言ったら怒られるかもしれませんが、そういう存在になってしまっている。そこは別だから、あるからといって積極的に学生生活に組み込まれたりとかはないですね。キリスト教というものではなくても、ちょっと仲間がほしい、開かれた場所はないかといったときに、うまくチャペルが活用しきれていない。目に見えないある種のバリアがキリスト教、あるいはチャペルと大学、一般社会の間にあるようなそんな印象を受けてしまうんですね。

ましてや私たちの地域とか会社では、組織の中で、目に見えないバリア、カーテンみたいなものがあると思うんです。でもそこで、「どこか行くところがないだろうか」「私のような者でも座るイスがどこかにないだろうか」「私みたいな人間が行っても歓迎してくれるような人たちはいないだろうか」というときに、ちょっと「教会は日曜日に礼拝をやっているから、毎週でなくても顔を出してみたら？」とうまく言えない、あるいは言われたほうも「そうか。ちょっと覗いてみようかな」と気軽に足を踏み入れられないようなことがありますよね。これはいったい何なんだろう。私もいま、いろいろ考えているところです。

私自身は偉そうなことを言っていますが、どこかの教会員というわけではありません。時々礼拝に行く教会があって、元々は北海道の小樽市の育ちで小学校のときは歴史のある教会に通っていました。よくある話ですが、いろいろ忙しくなって教会から足が遠のいて、大人なってからまた通うようになって、帰省するときは行くようにもなったりして、実はまだ受洗もしていません。私の中でタイミングを待っているんですが、おそらくいつかその時が来るのだろうなという気持ちは持っています。私自身はそういう人間なのですが、それなのに私も若い学生さんたちに「チャペルに行ってみたら？　チャペルの先生は話を聞いてくれるよ」と言っても難色を示されてしまう。あるいは皆さんもそういう経験があるかもしれません。それは一体何なんだろうなといつも思っています。

精神科医の大先輩で北山修さんというフォークシンガーもしていた方と、対談をする機会もあるんですけれども、たまたま先週お会いすることになったんです。それで、北山先生はクリスチャンではありませんが、この疑問を話してみたところ、北山さんが言うには「日本の人は移り気だから。サッカーだって岡田監督がダメだと言っていたのにちょっと勝ったら岡田は名監督だと言ってみたり、政党支持率を見ても、去年のいまごろは『民主党が素晴らしい』とか言っていたのにいまでは自民党が勝っちゃったりとか、V字回復とか急降下とか、ある種適応が早い。だから『一人の神様を信じます』というのが苦手なんじゃないか」と。あとは、世間を気にして生きているから、その場その場で自分を変えて立ち回るのが日本人は非常に上手だから、ある意味、「神様がずっと見ていらっしゃる」と言われると、息苦しくなっちゃうんじゃないかと。「お釈迦様でもご存じあるまい」という感じで適当にやったり、「お互い様」と言ってうまくやっていきましょうという感じで生きているから、一つのことを信じるとか一人の人がずっと見ておられるとか言われるとちょっと肩苦しい、苦しい。「とても私には敷居が高い」と言って遠慮しちゃったりするんじゃないか、というようなことを言っていました。

確かにそう考えてみると、私たちの生活の中で日本的な文化が占めている部分はまだまだ大きいですね。そういうところに気を遣って、お盆が来たからこうしなきゃとか日常の中の生活風習のようなものに従って生きている私たちとしては、それを超えたところで神様を信じるとか、対話していくということが、もしかしたら慣れていないのかもしれません。

みんながみんな教会に行くとか、クリスチャンになるというわけではなく、先ほど私が言った月乃さんのように、気に入った子が洗礼を受けるから洗礼を受けたとか、そういう日常的なところで、すごく信用している友人に「教会へ行こう」と言われたから行ったとか。もちろんそれも神様のご計画のうちだったと言えばそうかもしれませんが。きっかけとしてはそういうことで教会に足を踏み入れたりするわけなんですが、「友人がいるから」「家から近いから」というちょっとしたきっかけではなく、例えば私が精神科医として悩める若者に「君はチャペルに行きなさい」とか言ったりすると、途端に気が重くなってしまう。「いや、私はああいう世界はちょっと敷居が高いから」「そこまで人間ができていないから」とか。そんなふうに思って、キリスト教というとすごく公明正大で人格者で、清廉潔白な人だけが足を踏み入れていい世界で、そうではない心が揺らいだりとか、その場その場で考えが変わっちゃったりとか、そういう人は行ってはいけない場所、敷居が高い場所、そういう人がいたらにらまれるんではないかとか、そんなイメージで見られてしまっているのかもしれません。

皆さんはそんなことは思っていないでしょう。教会の中だって現実の人間関係があって、いろいろな人がいるし、公明正大で人格者ばかりの理想的な世界ではない。現実的なところですよ。だから気軽に来てくださっていいのにと、中の方は思っていらっしゃるのかもしれませんが、残念ながら外からは逆に見られてしまって、「弱いからこそ教会に行く」「居場所がないから行く」という場所であってもいいのに、逆に弱くないしっかりした人、自分の中で物事を判断できる方、そういうむしろ社会的に精神的に強い人のための場所なんだ、そういう人たちでなければ行ってはいけないんだ、そう思っている方もいるのかなという印象を受けました。

だからそういう意味で、私は教会にたまに礼拝に参加していて、礼拝のことも少し知っていて、そしていま社会で生きづらい、生きるのがしんどいという若い人たちを中心とした人たちのこともよく知っているので、本当はそこがうまくつながってくれれば、どんなにいいんだろうと思うんです。そういう意味で教会ができることは、非常に大きく、強くなっているし、キリスト教そのものかは別としてキリスト教的な考え方を求めている人たち、必要としている人たちというのも非常にたくさんいるんじゃないかと思います。

ただそこで、キリスト教的なヒューマニズムとか、弱い人に優しくとか、そういう考えを言うと、みんな「そうだよね。いまそういう時代だよね。弱い人たちにこそ優しくする。遅れた人たちにこそ親切に、という時代ですよね」と皆さんおっしゃるんだけど、「これは聖書に書いてあることです」「神様もそうおっしゃっています」と言うと、その途端に、「あ、そっちの話ですか」という感じで、話が止まってしまう。そういう雰囲気があります。「それなら私は関係ない」「それまでは良いことを言っていると思ったのに、なんだそっち側の方ですか」という感じで、そこで対応がうまくできない。だから逆に、これは聖書の話なんです、実はこれキリスト教で言われていることなんですというのは、ある意味最後の最後まで言えないというか。100%同感だと言ってくれて、初めて「実は聖書の話なんです」「神様がおっしゃっていることなんですよ」と言ったときに、「ああそうなんですか。じゃあ私も行ってみようかな」と、それぐらいの状況にならないと言えないという空気もあるように思います。

それは話す側が、逆に警戒しすぎてしまっているのかもしれません。堂々と最初から私は聖書を学んだ者ですが、クリスチャンですが、教会員なんですがと最初に名乗って話ができるようになればもちろんいいんですが、そうすると話を聞いてもらえない。現実としてそういう雰囲気がどこかある。そこでどうやって変な先入観や、あの人は別だとか、そういう壁を取っ払って話をしていけるかというところも問われているのではないかと思います。

もう一歩の「橋渡し」

日本人はそういう宗教的なものに対してアレルギーがあるとか、信仰を持たないとか言われていますが、それでも、例えば私が本を出して、私自身はすべて聖書の教えに基づいて書いたというわけではありませんが、でも聖書を学ぶこととか、教会の礼拝で学ぶことが私の中で血となり肉となっていると思えば、そういう中で書いた本が、「これはキリスト教的な考えですね」と言われることがなく、逆に「仏教の教えですね」と言われる（笑）。私が「そうです。これはお釈迦様の言葉から導いたものです」と言ったとしても、おそらく相手の方は、「ああいいですね。いまは必要ですよね」というように、それに対して批判的なこととか、思考停止とか対話停止とか、さっきみたいに、「ああキリスト教の方ですか」というふうにはならないで、「私もお寺巡りしますよ」とか、「仏像いいですね」とか、世間的な話になっていくと思うんですよね。

でもキリスト教はそうなりにくい。その周辺にばかり、例えば最近、若い人たちがパワースポットというのが大好きで、霊的な力を得られる場所のことなんですが、私の知り合いがいる旅行ガイドブックを出す出版社も、いま若い人たちが旅行に行かなくてたいへんな中、すべての旅がパワースポット巡りというガイドブックはすごく売れていて、もう神社・お寺、それだけでなく、森とか山とか、不思議な力が満ちているような場所を紹介し、いわゆる霊験あらたかなご利益を頂戴した人たちの体験談が、「私は仕事で悩んでいましたが、すべてがよくなり気持ちが晴れ晴れした」とか、いわゆる宗教的な体験談が載っているようなものがあるんです。

そういうものを見ても何か世間様の顔を見て、世間のルールに従って汲々として生きているようだけど、何かそれをちょっと超えた力を心の中で求めている。そういう気持ちも非常に高まっていると思うんです。でもそれがなぜかキリスト教というものには行かず、方向は近くを向いているのに着地点がパワースポットになってしまう。かすってはいるのに違う方に行ってしまう。非常に残念なことですが、でも本当にそれを求めている人たちは多い。

そこで、キリスト教があるじゃないか、教会に行けばいいじゃないか、と言うと「いや、そっちの方はちょっと……」と引いてしまう。そういう人たちがいる、そういう状況じゃないかと思うんです。それは先ほどの北山先生が言ったようなキリスト教が持っている厳しいイメージ、絶対に一人の神様を信じないとたいへんなことになるとか、そういう厳しいイメージ、いつも見ているとかね、そういう厳しいイメージが一つあるのかもしれませんし、キリスト教的なものにまで惹かれている人たちをうまくつなぐような、手を差し伸べたり、橋渡しをするような部分がもう一歩いるのかなという気もするんです。

それはいったい何だろうかというと、やっぱり現実的な何かがあると手を出しやすい。それこそさっき言っていたお寺巡りでいうと、仏像とか御朱印帳でスタンプラリーとか、そういうゲーム性とか、そういうものが良いとか悪いとかではなく、入り口としては、物を集めるだけ、仏像を見るだけ、そこから知らない間に宗教的なところまで足を踏み入れるという経験をしている方もいると思うんですが、キリスト教はそこがはっきりあるわけではない。

もちろん、キリスト教としてはそんなグッズで人を呼ぶとかスタンプラリーで呼ぶとか、そういうものでもないですから、それがまた、信仰をきちんとした部分を担保しているんだと思うんですよね。それは宗教として誠実であり純粋であるとは思うんですけど、じゃあ何を入り口に何をとっかかりに、というところで、若い人たちが橋を渡れないのかなとも思うこともあります。

外と中を隔てる空気のカーテン

でも例えば音楽は一つの入り口になると思います。賛美歌だけでなく、若い人たちはゴスペルも大好きで、大学にもサークルがたくさんありますが、みんな賛美歌は歌ったりしているわけですよ。ではそういう人たちが「せっかく歌っているんだから、今度礼拝とか、本当に歌われている場に行ってみたら？」と言うと、またそこは「そういう人たちとは違うんです」と、そういう1枚の空気のカーテンみたいなものがいろいろなところにありますよね。

その空気のカーテンを開けるのはいったい何の力なのか。もちろんそれは神様の力かもしれないけれど、私たちにもできることがあるはずだろうなと思うんです。ではどうすればいいのか、現実の中でどこから始めればいいのかということを私もずっと考えているのですが、なかなかこれだという答えは見つかっていません。ただ何度も言うように、私は生きづらさを抱えた人たちのそばにいながら、キリスト教的な、教会とか礼拝的なものを求めている、惹かれている人たちはたくさんいる、その人たちに「的なもの」という部分を除いて、キリスト教そのもの、教会とか礼拝につなぐ。その最後の一手というか橋がまだ見えていない、そういう時代なのかなと思います。

もしかしたら何かがきっかけでそのカーテンが取り除かれて、橋ができて、大勢そういう人たちがなだれ込んでくる――それは教会にとって嬉しいことなんでしょうけど――そういう事態がやってくるかもしれません。そういうときはぜひ、皆さんたちもそういう人たちを受け入れて、歓迎していただきたいなとも思います。皆さんたちにとっては、なかなか適応できない、集団で何かすることが苦手、人と会話することが困難、そういう方もいるかもしれません。そういう人たちが教会にたくさん来たときに、戸惑いを感じるということがあるかもしれませんが、ぜひ受け入れて、教会、礼拝あるいはキリスト教の可能性に触れさせていただきたいと思います。

偉そうなことを言っていますが、私自身がきちんとつながっていくという課題があるんですが、またそのときは教会員として皆さんにお会いしてご報告したいと思います。皆さんの働きに期待しています。ありがとうございました。

2017年2月17日

「現代人のメンタルを救うのは誰か——医療、経済、宗教を考える」

聖学院大学総合研究所主催
キリスト教カウンセリング研究講演会

皆さんこんばんは。今日は講演会に呼んでいただき、とてもうれしく思います。なぜうれしいかは、講演の中で話していきたいと思います。

まずは私の立場をお話しします。私は精神科医ですが、ずっと「なんちゃってクリスチャン」というか、洗礼は受けておらず、「万年求道者」とよく言われています。子どものころから教会学校に行って親しんでおりましたが、よくある話で、中学生のころから教会を離れてしまいました。大人になり、ある歳になってからまた教会に通い出しました。

「洗礼を受けましょう」と牧師先生から言われたりするんですけれども、大人になっちゃうとなかなか素直に「はい」とは言えず、ずるずる来ています。そういう意味では、自分にとっても「キリスト教って何なんだろう」「どうやってそれと向き合おうか」というのはすごく大きなテーマなものですから、自分のことも少しお話しできたらと、楽しみにして参りました。

今日の話のタイトルはかなり前に付けていて、「企業、経済、宗教」と――自分でも忘れてしまって、私が付けたのに「『経済』ってなんですか」とか質問しちゃったりして。タイトルを付けたときは何を話したかったかというと、たぶん日本の自殺率のことなどですね。自死される方は、最近減ってきていて、もちろん減っているとはいえ多いんですけど。なぜ減ったかという理由の一つは、さまざまな方々が尽力してくださっていることも大きいのですが、もう一つ言われているのは、失業率が改善してきていることです。自殺率がいちばん高かったのはバブル崩壊後、それも1997年以降の、いちばんどん底のころ。山一證券がなくなったり、北海道拓殖銀行が破たんしたり、あのころがいちばん多かったんですね。そのころに比べれば、少しは経済が良くなっているからではないかと、ある人から言われました。確かにそういう考えもあるかなと思ったんですが、今日はそこまで話はいかないと思うので、まずは自分が話したいことを話していこうと思います。

震災以降の求め

今年も3・11、東日本大震災の日が近づいてきました。もう6年前。早いですね。約2万人もの方々が津波で亡くなり、体育館いっぱいに棺が並ぶということが東北のあちこちで起こり、テレビなどでその様子が報道されました。それで、ざっと2万人の方が亡くなるとして、その一人ひとりの方が4~5人家族だったとすれば、単純に考えて10万人くらいの方々が非常に身近な方を亡くされたわけです。それ以外にも友人などを入れると、本当に身近な人を震災で失ったという方が何十万人も出たわけです。それだけでなく、家屋が失われたり、福島の原発事故で故郷が失われたりと、いろいろなことを喪失したわけです。

こうした大災害に際して、私たちは気持ちの持っていき場がありません。別に身近な人を亡くしたり、故郷を失くしたりしたわけでなくても、ここにいらっしゃる皆さんの中にも、この震災をどう受け止めたらいいのか、取り返しのつかないことが日本で起きてしまったと、そういう気持ちにさいなまれた方がいらっしゃると思います。当時よく、こんな風景もテレビや新聞で報道されていました。スライドをご覧ください。イケメンの僧侶の方が粉雪の散る被災地に、すてきな青い法衣をまとい裸足で駆けつけて、鎮魂のための祈りをして歩いた。この写真は世界に配信されて、多くの方々が胸を打たれました。他にもこちらの写真は、お坊さんたちが「鎮魂」という幟を持って、お経を唱えながら被災地を歩いた。まだまだ瓦礫の山ですが、こういう写真なんかも繰り返し報道されました。

教会の牧師や信徒の方たちも被災地でさまざまな活動をされましたけど、失礼ながら何か絵にならないというか、お坊さんの袈裟ってありがたい感じがするんですね。1枚目の写真なんかは粉雪とあいまって一層ありがたい感じがする。教会が破壊されて、まずは十字架を建てようとか、いろいろなことがあったと思いますが、さっきの写真のお坊さんのような人がいない……。

けなす意図はありません。教会もこちらのスライドのように超教派の祈祷会などやっているようですし、あるいは鎌倉で、それこそ宗教を超えて宗教者が集まって、東日本大震災のためのお祈りをするという催しも行われたようです。こういうところには牧師さん、神父さん、司祭さんもいらして、祈りを捧げるわけです。でも、こういうときには、仏教がありがたい。

ブータンの国王夫妻――この人たちもイケメン夫妻なんですけど――も非常に人気を博しました。ブータンは仏教国なので、彼らが来て手を合わせた。それから、ダライ・ラマさんです。毎年のようにいらっしゃいますが、石巻で子どもたちにお話をされたり、何かこう、祈ったり唱えたりすることを、みんなが求めました。祈りをささげてくれる僧侶や、要人、牧師さんや神父さんとか……。宗教を持っていない人であっても、宗教の方がこうやって手を合わせたり、何かを祈ってくれたり、唱えてくれたりすると、何かありがたい。「救われる」と。そういう方もたくさんおられるのではないかと思います。

ケアが必要な人たち、特に今日は「悲しみ」ということ、悲しみという感情に対して、誰が何をできるのかという話を、まずはしたいと思います。その前にまず、「悲しみ」って何だろうということから話します。

「悲しみ」を忌避する現代

精神分析を専門にしていた小此木啓吾先生という精神科医が、中公新書で『対象喪失』という本を出しロングセラーになりました。「対象喪失＝悲しむこと」と書いてあります。悲しみというのは愛情とか愛着とか、依存しているその対象がぽっかりなくなってしまうことなんだという定義を、この本はしています。そして対象を失うことの悲しみをどう悲しむかは、人間にとって永遠の課題であると書いている。先ほどの震災の話でも、家族を失う。家を失う。故郷を失う。それは二度と還らない。「還らない」という不可逆的要素ですよね。消えてしまった対象はもう戻らない。なくなってしまって、もう戻ってこない。そういうときに私たちは、非常に悲しみを感じるわけです。時には悲しみがあまりに大きくて、心のバランスを崩してしまう方とか、耐えられなくて、それこそ自殺をしてしまう方がおられるわけです。

小此木さんは精神分析の中でもフロイトの研究をしておられましたが、先述の本の中で、こういうことを言っている。人間は対象を喪失したときに「ああ悲しい、二度と戻らないんだ」と、あの家は、あの故郷はなくなってしまったんだとなげくが、それでは終わらない。フロイトは、人間が対象を喪失したときに、立ち直る力をちゃんと持っている。「悲哀の仕事」とか「喪の仕事」とかmourning workといった心のプログラムがあるということを指摘しています。それは誰かから教えられ、学習して身につくものではなくて、誰の心の中にもちゃんとある。グリーフワークをするプログラムは誰にもある。だから、それに寄り添う精神科医なり臨床心理士なり、他のさまざまなケアの仕事をする方たちが、――これも単純化して言うと――「喪の仕事（mourning work）」が円滑に進むように、お手伝いをする。「悲しみを取ってあげましょう」とか、そういうことをしなくていい。悲しみを乗り越えていく力は、本当に誰でも持っているから。それはお金があるとかないとか、学歴が高いとか低いとかとはまったく関係ない。年齢にもあまり関係ない。子どもにもできる。そういうことを小此木さんは言っているわけです。

ただ、いまの時代はこの「悲しみ」というものをなるべく避けたほうがいいと、忌避する雰囲気があります。違う話になってしまうのであまり立ち入りませんが、死とか病が私たちの目に触れるところから非常に遠ざけられてしまっているということが、20~30年間ずっと言われています。30年ほど前ですか、写真家の藤原新也さんという方が『メメント・モリ』(三五館)という非常に衝撃的な写真集を出版されました。藤原さんがアジアを旅されて、例えば道ばたで動物が死んでいるとか、インドで死んだ人をガンジス川に流すとか、私たちがほとんど目にすることがなくなった、動物や人間の死体の写真を取り上げた。必ず生命は死を迎えるわけですが、私たちの社会はとてもきれいで清潔なものになっていて、死は忌まわしいし、汚いから目に触れないようにしておこうと。高齢者もほとんどは病院で亡くなっていて、弱っていって亡くなる様子を子どもも見なくなっている。そういうことに対する気づきを与える写真集でした。

ポジティヴシンキングとか、前向きに生きることは良いことだと。最近は精神科医の一部でも、悩んでいる人を元気にするのではなく、元気な人をもっと元気にする。問題がないのに、さらにパワーアップしてビジネスの世界で成功できるようにする。そういう「コーチング」が流行っています。目利きの人などはそっちに行ってしまったり。こっちから見れば、病気の人を相手にしていないからリスクも少ないしね。ドライにがっぽり稼いじゃって。まあ人の悪口はそのくらいにして……(笑)。

心のケアを必要とする人はたくさんいるのに、リソースの無駄使いというか。医者ならちゃんと病人を診ろよと。医学部卒業しても、例えば東京で美容皮膚科とか、頭髪ケアとか、血液をサラサラにするとか。アンチエイジングですね。歳をとることからは逃げられないのに、どうなのかなと。医学部でも志望する人がすごく多い。僻地で医者も足りないのに、せっかく医学部を卒業して、いつも前向きで血液サラサラで若いのが良いんだと、それはそれですごく大きな問題だと思います。

さっきのフロイトの「喪の仕事」を、精神科医がもっと詳しく説明して、その一つが、ジョン・ボウルビィの「悲哀の段階」です。これもそんなにびっくりするような話じゃなくて、最初は悲しくて何も考えられない。皆さんもラインとかで、好きな人から「あなたとは会えません」みたいなコメントが来たら、「信じられない！」とか、何も考えられないですよね。ちょっと軽すぎましたかね（笑）。

たとえをがん（癌）にしましょうか。「あなたの余命は3カ月です」と突然言われる。いまは告知も結構乱暴にされることが多くて、それで傷ついて精神科に来られる方もおられます。まずは「信じられない」。その次が「なぜ私が？」という怒りの段階ですね。「毎年検査を受けていたのに、なぜ末期のがんなんだ！」と。そして、失った人や物に関して取引をしようとする段階。がんの話なら、神様と取引をしようとする。「神様、毎週礼拝にも行って、献金も何万円もしますから、どうか助けてください！」と。誰かを亡くしたのなら、「まだどこかに生きているんじゃないか」と探し求める、悪あがきみたいな段階ですね。それからもう、「やっぱりダメだ！　無理だ！」と絶望の段階が来る。でも、そこまでいくと人間というのは不思議なもので、受け入れる。再建の段階というものがやってくる。絶望の段階で「もうダメだ」と死んでしまう人もいますが、とことん絶望すると「いつまで嘆いていても仕方がない」と、受け入れる段階。限られた時間に、せめて自分らしく生きたいと。これだけはやっておきたいと。ジグソーパズルのピースのいくつかがなくなっても、それでも、そこからまた絵を組み立てる。残ったピースでどんな絵ができるかということをやる。そういう底力は、割と誰にでも備わっている。

　このボウルビィの段階を使って、エリザベス・キューブラー＝ロスは同じようなことを死について書いています。今日は長くなるので説明しませんが。最後は受容して、自分の限られた、残りの人生を建て直し始める。キューブラー＝ロスはキリスト教の精神を持っていますので、「この世で再建できないのなら天国で」という希望も持つんです。人間は最後まで人格的な成長を遂げられるのだと。荒れ狂って死ぬのではなくて、この人生で良かったとか、この人と出会えてよかったとか、あるいは天国でこれから暮らすんだと、ちゃんと受け入れられると。これをキューブラー＝ロスは『死ぬ瞬間』（読売新聞社）の中で書いていて、日本でもベストセラーになって、次々に続編がでましたね。

しかしこれはキリスト教的な、死んだ後にも天国があるという前提で書かれている本です。続編の一つ『死ぬ瞬間の子供たち』（読売新聞社）なども、アメリカでは子どもでも余命宣告をすると、子どもでもそれを受け容れて、羽ばたく蝶みたいな絵を描くんだとか。それは、この体を脱ぎ捨てて天国へと羽ばたいていくんだと、ちゃんと子どもでも理解できるからだと。それはまあ、キリスト教的な背景があっての受容なんです。ところが日本ではなかなかそうはいかないですよね。日本で「天国に行って神様と暮らすんだ」と言っても、それはなかなか受け入れられない。

キューブラー＝ロスも、天国でただ神様にお任せするというのではなく、人間には死後の生があるんだ、と。「死後の真実」とか、もう少し具体的な死後生を主張するようになっていきました。「死後も永遠に命は続く」とか。どういう心境でそうなったのかはわかりませんが、リクエストがあったのかもしれませんね。「天国だけじゃわからない」とか、「私は宗教を信じていないんですが」とか。これなら、日本のクリスチャン以外の方も「そうなんだ」と思えるかもしれませんね。

　このスライドの本、これはすごいです。もう辞めましたが、東京大学救急医療の教授です。『人は死なない』（バジリコ）。これもベストセラーになりました。読んでみると、この人も臨死体験などをしていまして、死んだ母親の声を聴いたとか。死後も生は続くという確信を得るわけですよ。それでこういう本を書いた。次は『プルーフ・オブ・ヘヴン』（早川書房）、これはアメリカ人の脳神経外科医の本ですが、この人も脳出血か何かで瀕死の状態をさまよって、そのときに天国の夢を見たと。その体験をとても克明に描いています。日本でも、三途の川を渡ろうとしたら、おじいさんおばあさんが「おいでおいで」とか「来るな」とか。それで、引き返してきたとか。そういう話がずっと書いてある。

　この人は、それがただの夢かもしれないから、そうではない証拠を、昏睡状態のときのデータなどを調べて、「これは夢ではない」ということを、ある意味で科学的に後付けした。「たかが天国」というと語弊がありますが、それを科学的に調べて本にしているわけです。

　日本では割と、キリスト教的な天国ではありませんが、「あの世」は意識の中にあって、どこかで死んだ人も生きているんだとか、死んでも生はまだ続くんだとか。そっち側のほうが私たちを非常に慰めてくれたり、私たちを支えてくれる、一つのトレンドになっているようです。

ではケアのときにこれを言いさえすればいいのかというと、それも違うとは思うんですが。

死期間際の「お迎え現象」

次のスライドです。岡部健先生、この方は会ったことはありませんが、仙台の内科医で訪問医療をしていました。3・11で被災して、自分の病院もダメージを受けたりしていましたが、その後にご自身もがんになった。でも、がんになってからも被災地で診療を続けたり、立派な方でした。この方がすごく面白い調査をされました。往診していて、もう最期が近い、ご自宅で死を迎えようとしている人を訪問すると、ご家族の方がこんなことを言うんです。「昨日おじいちゃんが会いに来てくれた」とか、「お父さんが夢に出てきた」とか、気持ち悪いことを言うんですよと。死が近い人が、先に亡くなった人が迎えに来てくれるとか、あいさつに来たとか。そういうことがとても多いので、どれくらいあるんだろうかと調査した。

そうしたら42・3％の人が、家族に聞くと「そういうことを言っていた」と言うんですね。

それで、岡部先生はこれを「お迎え現象」と名付けました。先生は、これは悪いことではなく、お迎え現象を体験した人は、その後の家族の話では、ほぼ例外なく穏やかな最期を迎えるから、むしろ良いことなんだと。岡部先生は医者ですから、お迎え現象から「ほら、やっぱりあの世はあるんだよ！」ということは言っていません。この現象が何なのかについては言っていません。もしかしたら自分の中の幻想かもしれないし、はっきりとはわからない。けれども、どうやらそういうことを経験して、語る人は多い。そのこと自体が、その方にとっても慰めだと。

私の父も6年前に亡くなりましたが、やっぱり言っていました。亡くなる前に、もっと前に亡くなった医者の友だちが来たんだよとか。そのときは怖かったですね。「何を言っているのよ、お父さん！」みたいな感じでね。当時は否定しましたが、父が死んだ後は、「きっといまごろは○○先生と会っているんだね」というのが、家族にとっては慰めという感じもありました。そういうことも含めて、それは悪いことではないと岡部先生は言っているんです。だから死後の世界はあるとは言っていません。　脳の中のイメージかなと思ってみたり、まあいいんじゃない、本当にそうかもしれないよと思ってみたり。天国か極楽か知らないけど、誰かが迎えに来たのかもしれないと思うのも、いいのかもしれませんね。

とまあ、こういうことを、宗教的背景があまりない日本の人たちは漠然と信じていて。「あの世ってあるのかもね」とか、「あの世に行けば、誰かに会えるのかもね」とか。そういうことで喪失の悲しみを、なんとなくうやむやにしている部分がありますね。このように祈りとか来世とか天国とか、そういうものを求めている人は確実にいるわけですよね。そういうものを求めたくなるような状況というものもある。大きな災害とか、事故とか。

けれども、先ほどからお話ししてきたように、そこに「宗教」というものをはっきりと絡めると、抵抗を示す。あるいは、いよいよ必要になったときでも、先ほどのブータンの国王のように、なんとなくそういう感じの「ありがたい人」が拝んでくれるといい、というような感じですね。そこでさらに宗教的なことを言い出すと「それは違う」と。さっきの「お迎え現象」くらいの曖昧さ。死後の生がある、くらいの、科学ともオカルトとも宗教ともつかないような、漠然としたもの。私たちはそういうものをいま、非常に求めているわけです。要らないとは言っていない。でもそこに宗教が入るとアレルギーが起こる。そういう非常に曖昧なものに救いを求める人たちがいるわけです。

「悲しみ」という話をしましたけれども、悲しみじゃなくてもそうです。例えばいま、パワースポットが非常に流行っていますよね。神社とか歴史的な遺跡とか、そういう場所に行くと力を得られる、恋愛運が上がる。そこにどういう背景があるのかとか、どんな宗教なのかとか、そういうことにはあまり深入りしないし、関わりたくない。でも、何か人間を超えた力がある。非常に漠然とした感じですけれどね。その超越的なものには頼りたい。でも「神頼み／仏頼みですか」と聞かれれば、「いや、そうではない」と。そういうものを「ああ、パワースポットですね」と言うと、非常に腑に落ちる。

精神医学の危機

さて、ここまでひとのことばかり言ってきましたが、では私たち精神科医はパワースポットばかりに頼っていていいのかと。「お迎え現象」でいいのかと。小此木さんの話からパワースポットの話になりましたが、精神医学は、いま非常に危機的というか、分が悪い状況なんですが、あまり知られていません。精神科医が必要ですよねとか、精神科医にとっていい時代のように見えますが、そうではありません。私は精神科医になって30年経ちますが、私がなったころも分が悪かったですね。精神科医と言うと特殊な仕事だと思われていたし、私がなった昭和の終わりごろは、精神科医療をめぐる大きな事件がありました。

私と同じくらいの世代の方は覚えていらっしゃると思いますが、「宇都宮病院事件」といって、栃木県の宇都宮に民間の大きな精神病院があり、そこで入院していた患者さんが亡くなりました。2人くらい。それがいわゆるリンチというか、職員が「管理」して、それで死んでしまった。その前にはアメリカで『カッコウの巣の上で』という映画があって――ジャック・ニコルソンの、主演デビュー作でした――、彼はその後『シャイニング』とか『ミザリー』とかですごくいい味を出して、いまでは恋愛小説家とか良いおじいさんとかの役になっていますが。彼が『カッコウの巣の上で』では極悪な囚人を演じていて、その極悪な囚人が知恵を働かせ、刑務所を出てもう少し楽をしたいと思って、精神病のふりをするんです。精神病になったら刑務所を出て病院に入れてもらえるらしいというのを聞いて。そして見事に成功して精神病院に行くわけですが、そこは刑務所以上にひどい世界だったと。つまりすごい管理と支配の病院で、そこの看護師長さんみたいな人が全権を握っていて。ちょっとでも逆らうと、ものすごく厳しい懲罰があるんです。その懲罰に医療が使われてしまって、薬とか注射とか電気ショック療法とか。そういうものが全部患者を罰するために使われていて、もう精神医療のイメージが最悪になるような映画です。

そしてその映画が公開された後に宇都宮病院事件があって。精神科医って極悪人みたいですね。そういうイメージのときに、私は医者になったんですよ。私の母親などはひどくて、私は医学部を出たものの、他の科にまったく適応できなくて、流れ流れてみたいな感じで精神科医になったんですけど（笑）、母に精神科医になると言ったら「やめなさい」と。もっと潰しの利く科医になりなさいとか言われて。近所の人に「あなたの娘さん、お医者さんになったのね」と言われて「そうです。神経内科ですって」と。母親が嘘を言っていたんです（笑）。精神科というと聞こえが悪いから、神経内科医と偽っていて。「いいえ、精神科医ですよ」って言ったら、「えっ」と驚かれて。それくらい精神科医ってイメージが悪かったんですよ。

まあ精神科医たちの啓発活動も功を奏して、イメージは次第に良くなってきて、いまや精神科医は大事ですと。すごくいいイメージになってきているんですが、実はすごく危機なんです。何が危機かというと、結局精神医学って効かないんじゃないかと。そういう致命的な問題があります。

例えばこういうことです。１９９５年に阪神・淡路大震災がありました。もう20年以上経ちました。上智大学のグリーフケア研究所の特任所長で高木慶子さんというシスターが、ホスピスの問題とか、誰かを喪った、先ほどの「喪の仕事」をするような人たち、いわゆるグリーフ

（悲嘆）を抱える人たちに寄り添う仕事を、ずっとなさってきました。

この高木さんが『喪失体験と悲嘆』（医学書院）という本を出しました。この本がすごい。どうすごいかというと、阪神・淡路大震災で子どもを亡くした、33人ものお母さんのインタビューが載っています。地震から3年半後にとったアンケートやインタビューが載っている。よくそんなものができたなと思うんですが、高木先生は震災の後ずっと、そのお母さんたちに寄り添う仕事をしていて、信頼関係ができている。そのおかげでできた本です。非常にリアルなインタビューと論文集で、それが本になったんです。

これが精神科医にとっては非常にショッキングな本でした。私はこれを２００７年に読んで「読まなきゃよかった」と思いました。なぜかというと、その中に書いてあった、「してほしかったこと」や「してほしくなかったこと」のベスト3（スリー）という欄があり、してほしくなかったことの1位が「わかったふりの同情の言葉をかけられたこと」。お子様が亡くなられてどうのこうのとか、そういうわかりきったことを同じ母親に言ってほしくない。子どもを亡くした親からすると、あなたのところの子どもは元気なくせに、そんなことを言われてもまったく嬉しくないと。それが辛かったと。それから、心ない励まし。「あなたが泣いていると天国のお子さんも悲しみますよ」とか。あなたは見てきたのか、ってことですよね。あるいは、すごく辛い例として書いてあったのが、「他にも子どもがいるじゃない」と。兄弟が3人くらいいて、その中の1人が亡くなったときに、「他にも子どもがいるじゃない」と。いや、代わりじゃない。亡くなった子どもは唯一無二の子どもなんだと。他に2人いりゃあいい、3人いりゃあいいという話じゃないんだと。相手に悪気がないのはよくわかる。けれども、そういうふうに言われると非常に辛かったと。

これは皆さんも経験がありませんか。私も6年前に父を亡くしました。父も82歳で死んだので、まあ普通の死ですよ。母が高齢者で、まだ生きていますが、みんなが慰めてくれるわけです。常套句で「お寂しくなりましたね」と。母はいちいち怒っていましたね。寂しくなりました？　当たり前じゃないか！　なんで当てつけみたいなことを言うんだと。私は「お母さん、それはあいさつだよ」と。「新年あけましておめでとうございます」みたいなもんなんだよ、と言ってもプリプリ怒っていて。まあ、怒る元気があれば大丈夫だとは思いましたが。相手は常套句として言ったとしても、気に障るんですね。ましてや自分の子どもが亡くなって、「あなたが泣けば天国のお子さんも悲しむ」なんて言われれば腹が立ちますよ。

それで、私がいちばんショックを受けたのは3位の項目です。「専門家の勧誘は嫌だった」と。無理矢理「精神科に行きなさい」とか「カウンセリングを受けなさい」とか言われたり、あるいはカウンセラーみたいな人がやってきて、「たいへんでしたね」みたいなことを言われるのは嫌だったと。押しつけがましい勧誘。精神科医があぁしたこうしたとか書いてあって。ああ、ほんとうに嫌なんだなあと。精神科医は何の役にも立たないどころか、積極的に嫌がられているんだなあと。そのことがよくわかりましたね。

そして逆に、してほしかったことの1位は、「そっとしておいてほしかった」。何もしてほしくない。何もしてくれるなってことですよ。それから、「亡くなった者のために祈ってほしかった」と。これがさっきの、あのお坊さんたちのことですよね。しかもそれは、どこかで祈ってくれればいい。家にまで来て「お子さんのために祈ります」というのは嫌だと。介入ですから。寺で祈っていました、教区で祈っていましたと。最初のイケメンのお坊さんの話のように、ああ、どこかで祈っていてくれたんだなあと。その祈りの中に、うちの死んだお母さんのことも入っているんじゃないかなあなんて思うことが、非常に慰めになる。

それから、これもすごいと思った。「独りになれるよう、家事をしてほしかった」。つまり、思う存分悲しみたい。でも家族がいると、ご飯を作ったりしないといけない。それが辛かった。だから悲しめるように、それを代行してほしかったと。でもこれは複雑で、なかには家事をすることで気晴らしになったという方もいました。他の家族がいるから、その子のためにご飯を作ったりするので、少し気晴らしになったという人もいたんです。

でも逆に、どんなことをしたって気は晴れないから、思う存分悲しみたい、だからそれができるように家事をしてほしかったと。33人のお母さんたちのうち、何%かは忘れましたけど、かなりの割合の方が離婚をしているんです。なんで離婚をしたかというと、やっとこれで心置きなく悲しめると。夫もいないところで、独りで泣けると。それまでは家族がいると「いつまで泣いているんだ」とか言われてしまう。夫に「おい、靴下」とか言われると出さないといけない。悲しむこともできない。けれども、やっと子どもの遺骨と二人きりになれて、思う存分泣けると。だから離婚した、そういう方もいた。

それから、さっきの心ない慰めではなく、気遣いある慰めがほしいということですが、どう慰めてほしいかというと、手紙。手紙だったら、読まなくてもいいから。ハガキか何かで、「このたびはたいへんでしたね。お祈りしております」とか。そういう内容が届いて、気が向いたら読む。ずかずかと入って来られるのは嫌だけど、手紙やハガキはありがたかったと。

つまり何が言いたいかというと、専門家なんか、何もできないということですよ。こういう悲しみを抱えた方に、何もできない。近づくこともできない。この薬を出しますとか、この本を読んでくださいとか、何もできない。何もできないだけならいいんだけど、むしろ有害なんですね。私は「ああ、そうなんだ……」と思いましたね。

「何もするな」が世界標準

これを読んだのは2007年なんですが、これは子どもを亡くした母親だけの話なんだろうかと。他のケースは違うんだろうかと。うつ病とかパニック障害とか、そういう人たちにとって、精神科医は有益なことをしているのだろうかと。むしろ逆もあるんじゃないだろうかとかね。その人たちは何かを求めて来るんだけれども、連れられてくる人もいるわけですよね。そういう人たちにこちらが「来るべきですよ！」とかね、先ほどの啓発活動にしても「うつ病は早期発見が大事です。だからテストをやりましょう」みたいな感じで。患者が「どうでしたか」と訊けば「あなた！　来週から病院に来てください」とか。これまでそういうことをやってきたんですよ。まあそこまではないかもしれませんが（笑）、似たようなことはやってきたわけです。でも、ほんとうにこういうことって必要なのかと。必要ないというか、その人たちに被害を与えているんじゃないかと、いろいろ考えるようになっちゃいましたね。

私もよく知っている宮岡等さんという方が、精神科医にできることは非常に少ないということを次々に明らかにしてくれています。北里大学の精神医学の教授です。医療評論家とかではない、精神科の教授です。『うつ病医療の危機』（日本評論社）とか、いろいろな本を書いたり、講演したりしておられます。この方がまさに、自分の傷に塩を塗るようなことをしておられるんですね。精神科医はそんなに役に立つ者ではないというわけですよ。何が役に立たないかというと、薬が役に立たないというわけですね。役に立たないとはいっても、全部が役に立たないということは言っていない。私たちは抗うつ薬を、第一世代から第四世代まで、多くの方に出してきました。

でもそれらは口が渇くとか、ふらふらするとかの副作用があったんです。ところがいまから十数年前にＳＳＲＩという種類の抗うつ薬が開発された。これは薬物名ではなくて種類名。「抗生物質」みたいなものだとお考えください。これが非常に画期的な薬でした。これまでの抗うつ薬に比べて非常に副作用が少ない。とても使いやすい抗うつ薬が何十種類もできたんじゃないでしょうか。これはうつ病にとっては光明。うつ病で苦しんできた人、抗うつ薬があわなくて口が渇いたり目がしょぼしょぼしたりして苦しんできた人に、非常に出しやすくなったんですね。で、いまでは内科医も出す。私もそれはいいことだと思っていたんです。ところが十数年経って、後追い調査で、とくに軽症のうつ病の方にＳＳＲＩとプラセボ、うどん粉をまるめたようなものを出す。ほとんど差がないんですね。つまり、何も効いていない。でもね、効いている人もいると思ったんですよ、私は。でもそれはひとえに、こちらの暗示効果です。こっちも確信をもって言いますから。「いい薬があるんですよ！　副作用も何もないんですよ。これを飲んでいれば治りますよ！」と。それで治るという方もいたわけですね。確かに治ればいいんですが、どうも薬が効いているとは言い難かった。そんなことがわかってきました。

どんなに副作用がないと言っても薬ですから、必要もないのに飲むというのはよくないわけです。この宮岡さんという方は、「死にたい」というような重症の方にはこの薬は効くと仰るんです。でも軽症の方、ちょっとした落ち込みの方にはこの薬は効かない。この薬を出すな、と言うんですね。でもこちらも、いちどチョコレートを食べてしまった人間みたいなもので、いまさら「出すな」と言われても、出さないのはかなり難しい。

話を戻しますと、東日本大震災。震災前までは私たちの精神医療の世界でどんなことが言われていたかといいますと、ああいう災害があると、何十万人もの悲嘆にある方、ショック状態にある方が生まれる。だから早期介入が大事であると。そんなことが、ずっと言われていました。さらに言われていたのは、アメリカはすごいと。よく銃の乱射事件とかありますよね。そうすると、ヘリコプターで臨床心理士がやってくるんですね。いままさに事件が起きたばかりの現場で臨床心理士や精神科医がケアをする。日本もこうでなければと。

ところが先ほどの高木慶子先生のお話だけでなく、いろいろな研究が行われた。早期介入がどれくらい役に立つのか。9・11テロ事件の後、いろいろな調査が行われたら、これまた衝撃的な結果がわかった。あのときビルが崩れて、3千人くらいの方が亡くなって、現場にいた方、家族、消防士など、いろいろな方が傷ついたわけですが、すぐに臨床心理士や精神科医がたくさんやってきて、心のケアをしました。ところがその後、追跡調査をしたら、ケアをした人のほうがPTSDになっていたということがわかったんです。どういうことかというと、まだショック状態にあるのに、微に入り細に入り話を聞く。日本でも、例えば強姦事件に遭った人が警察に行くと、「セカンドレイプ」といいますが、事情聴取で、どんなふうに服を脱がされたかとか、人形を使って、どんなふうに襲われたか示してくださいとか。すると、思い出しちゃって、記憶が定着しちゃう。本人は忘れたいのに「ほらやってみて」と。再現するから定着してしまう。そうするとフラッシュバックして、後遺症になりやすい。事情聴取だから仕方ないとはいえ、それはどうなのかという議論があります。それと同じようなことが災害でも起きるわけですよ。

それで、アメリカの施設が中心になって災害時のケアのマニュアルを書き直しました。アメリカは極端だと思いますが、今度はいっぺんに「ケアをしてはいけない」ということになったんですね。それでいま、この『サイコロジカル・ファーストエイド』というのが、大災害時の心理ケアのスタンダードになっているんです。こちらが日本版『災害時のこころのケア』（医学書院）です。この白い大きいものは、本の帯ですね。「心に傷を負った人に接するにあたって、何をするべきで、何をするべきでないのか」と書いてあるんですよ。つまりこの本には、これまで皆さんがやってきたことは間違いですよということが書いてある。「やるな」ということが書いてあるんですね。これ、けっこう厚い本なんですが、けっきょく何も書いていないわけですよ。つまりは「何もするな」と書いてあるわけです（笑）。これは世界中にあって、ダウンロードできます。英語版とかフランス語版とか。

日本だけが本になって販売されています。日本人って、本になっていないと落ち着かないらしいんですね。無料でダウンロードできますからと言っても「いや、本にしてほしい」という声がありまして。それで医学書院も本にしたんだそうです。これはただの余談です（笑）。

何が書いてあるか。「1．被災者に近づき活動を始める」。当たり前じゃないですか。ケアをするのに遠くから「おーい」なんていう人はいませんよね。「2．自己紹介」「3．落ち着かせる」。慌てている人がいたら、そりゃあね。「4．この人はいま何が必要か」。食料など、現実的な問題を助けるんですね。「5．周囲の人との関わりを促進する」。同じ町内から逃げてきている人があのあたりにいますからねとか。一緒にいたらいかがでしょうかとか。あそこに臨時の町役場がありますよとか。「6．引き継ぎ」。今日で私は帰りますけど次の人が、とか。これだけです。

こんな小学校でも教えられるようなことしか書いていない。これ以外のことはするなと。「怖かったですか」とか「津波が来てどう感じましたか」とか。「ぜんぶ言ってください」「吐き出してください」とか。「津波を見て子ども時代に押し入れに閉じ込められたことを思い出しましたか」とか、そういう余計なことを言わない。言わなくていい。向こうが言いたいなら言っていいけど、こちらからは引き出すな。とにかくゆっくり休んでください。いろいろ考えるのは後でいいじゃないですか。まずは食べて、暖かくして、ゆっくり休みましょうよ、と。

つまり、鎮静させる。まずは考えさせないということのほうが大事。そういうことが、この本に書いてあります。でもね、これって心のケアをする人にとっては、ものすごく屈辱なわけじゃないですか。私たちは心の奥に入り込む、そのためにはこういう訊き方をしろとか、そういうことを習ってきたのに、立ち入るなってことですよね。

もっとすごいのは、私たちもよく避難所とかに行きますけど、「心のケア」とかゼッケンをつけた人が来るだけでトラウマになると（笑）。だからそれを出してくれるなと。救急の内科とかならいいけど、「心のケア」と書かれたゼッケンをつけた人がこちらに来るだけで、もうドキドキする。もしそういう人がいたとしても、隠してほしいと。こんなに嫌がられる職業ってないですよね。私もその現実を受け入れるのまでたいへんでしたね。隠すと同時に、何もできない。そしてこれは災害とか悲嘆とかだけでなく、顧みると診察室でも「この人の役に立っているのかな」と。先ほどの抗うつ薬でも、みんなに出すのはよくないとなると、じゃあ精神科医に何ができるのかと。改めて考えさせられますね。

マインドフルネスの勃興

私が考えているのは、フロイトがいみじくも言ったように、人間の心には自分で立ち直るためのプログラムがあるんだから、それがうまく機能するようにサポートすると。そういうと聞こえはいいんだけれども、要は邪魔をしないと。そして、そのプログラムが機能するのに邪魔なものがその人の生活にあるなら、それを取り除くお手伝いをする。家事を夫にも頼んでみたらどうですかとか、診断書を書きますから、仕事を休んだほうがいいですねとか。プログラムがうまく機能するような、そういうお手伝いをすることですね。余計なことをすると邪魔をしてしまう。

心のトラウマの後にすべてを吐き出させるのは役に立つどころか非常に有害である。大切なのは安全、安心の確保と生活の再建であると。むしろケアよりもサービスですよね。情報提供。ゆっくり悲しめないのであれば、こちらに家事を頼めばいいいんじゃないですかとか、電話番号はこちらですとか。そっちのほうですよね。
いまむしろ必要なのは。心のケアといっても心に立ち入ってはいけないと。全部が全部ではないですよ。立ち入らないと解決しない場合も、もちろんある。過去の記憶へとさかのぼったりとか。でも、すべての治療がそうではないんだと。むしろそれがその人に迷惑や被害を与えている場合があるかもしれないと。9・11の後に被害を与えられた人はどうしてくれるんだと、そういうこともいま実際に起きています。

では、何もできないのか。心のケアって必要じゃないのかと。でも別の方向で、こういう時代に、自分を超えたものを求めている人たちはいるという話を、先ほどしましたね。そこの部分をどうするかと。これは精神科医の話ではないですが、でもたまに「先生だったらできるでしょ」と求めてくる人もいます。先生の力で何とかしてくださいという人もよくいますが、それは私たちにはできないですよね。

では、誰がすべきかということです。私たちができるのはサービス。患者の回復プログラムを邪魔しないとか。露払いみたいな感じですかね。でもそれだけで立ち直るかというとそうではなく、この困難な時代に、それを超えたものを求めている人たちもいる。であれば、その人たちに誰がサポートをするのかということです。責任逃れじゃないですけど（笑）。私たちではありません。では誰なのか。

これは難しいですよね。祈りとか、現実を超えたものを求めている人たちにとっては、これぞ宗教者の出番だという場面ですよね、本当は。最初の話のように、未曽有の危機が起こったときは僧侶のような人たちや、教会とか神社の出番になるのかもしれない。ところが一方で先の話のように、宗教的なものへのアレルギーがあるわけです。

それで非常におかしなことにもなっている。例を一つ話しましょう。最近非常に売れている本ですが、『最高の休息法』（ダイヤモンド社）。ご存じですか。著者はアメリカの精神科医だそうです。それから、『世界のエリートはなぜ瞑想をするのか』（フォレスト出版）。こちらは瞑想と書いていますから読者を限定しますが、『最高の休息法』のほうは、何かすごいことが書いてあると思うじゃないですか。精神科医と書いてあるし。脳疲労がすぐ消えるとか、言い方も非常に上手で、とても売れた。

何が書いてあるかというと、最高の休息法は瞑想だと書いてあるんです。マインドフルネスですね。これがいま、アメリカで非常に流行っている。でもこの本は、マインドフルネスとだけ書かずに、科学の体裁もとろうということで脳科学とも書いてある。確かにマインドフルネスは、アメリカの科学者も研究しているんです。スタンフォード大学にマインドフルネスの研究所があって、そこで研究している科学者もいるそうです。タイム誌などでもマインドフルネス・レヴォリューションなどを紹介しています。瞑想と言えば東洋的なものなんですが、ホワイトウォッシュと書いてあって、白人の方がやっています。これは別の問題ですが、東洋人がやっているのにそれは出さないで、白人の写真を出す。まさに「漂白」しているわけです。

瞑想なんて怪しいものではなく、新しい心の持ちようですよ、というような入り口にしています。それで、このマインドフルネスが非常に注目されたのはこの本、『サーチ・インサイド・ユアセルフ』（英治出版）。これも帯に「グーグルの社員はこの研修で成長する」と書いてあります。皆さんも「ググる」とか言うと思いますけど、あのグーグル社の新入社員研修で必ずこれをするそうです。それで、日本でも注目されるようになってきた。

これは何かというと、ヴィパッサナー瞑想といって、こういうといきなりアヤしくなるでしょ？（笑）そういうものなんです。小乗仏教、上座部仏教とか南伝仏教とか呼ばれていて、原始仏教というと「原始的じゃない」と彼らは怒りますが。スリランカとかミャンマーなどで伝わっていた、お釈迦様の原型を留めたような仏教スタイルですね。そこで行われているのがヴィパッサナー瞑想なんです。ブッダ自身が実践していたと言われています。日本にも日本テーラワーダ仏教協会という機関があり、スマナサーラ長老の『怒らないこと』（サンガ新書）

という本が超ベストセラーになりました。この人は20年以上日本にいて、駒澤大学で修士論文を書きました。毎月2冊ずつくらい、驚くほど本が出るんですね。日本でマインドフルネスを実践していて、これがアメリカで脱宗教化したことで成功したんですよ。

ここではマインドフルネスがどういうものかについて深くは立ち入りません。日本テーラワーダ仏教協会のホームページにも書いてありますが、それほど難しいことではない。これは政治的に非常にうまくいったんですよ。マインドフルネスにあたるものは仏教の世界にずっとあったわけですが、それに目を付けたアメリカの心理学者がこれは行ける、うまく使えると思ったんですね。アメリカでも60~70年代にヒッピーなどが、LSDなどを使って瞑想して、あっちの世界へ行っちゃったり。仏教の瞑想とかいうと「ああ、あっち系ね。ヒッピーの人たちがやっているやつでしょ」とか。薬を大量に使うとか、イメージが良くなかった。だから、これが仏教であることは一切出さないでおこうと。名前も、ヴィパッサナーなんて怪しいからやめようと。それで、それを一生懸命英語に翻訳して、マインドフルネス（気づき）とした。

ヴィパッサナー瞑想の中ではサティというのをとても大事にするんですが、それをマインドフルネス＝気づきと訳した。それで大学にマインドフルネスセンターというのを作ったんです。ですからそのときには、それが仏教であるということはほとんど伏せて、教える人たちもさっきの袈裟をつけた仏教者のような人ではなく、普通の洋服を着た人たちが教える。そうすると、アメリカでも科学的医療に行き詰まった人とか、アメリカの保険制度の中で、民間の保険会社からは薬物の保険がなかなか下りないんですが、これなら薬物を使わないで済むとか。

そして何よりいいのは、アメリカでマインドフルネス心理療法をやるときは8週間と決まっているんですよ。すると保険会社からお金が下りやすいんだそうです。逆に薬だといつまで飲むかわからないから、民間保険会社は嫌がるんだそうですね。つまらない理由ですが、そういうこともあって患者さんも「マインドフルネスでお願いします」ということで爆発的に広まった。

あとは西海岸系の、シリコンバレー。グーグルとかフェイスブックとかアップル。スティーブ・ジョブズも禅が大好きでした。そういう人たちがヒッピーの流れを汲んでいるので、マインドフルネスは仏教から来ているらしい、だから良いということになります。それで彼らが飛びついたんです。

しかし私は、これは本当にいいのかなと思うんです。皆さんにも訊いてみたいんですけど。もともと宗教的な背景から生まれたものをですね、怪しまれるからという理由で「いや、違います。宗教ではありません」と。そういうふうに宗教色を消すことが本当にいいんだろうかと、改めて思うわけです。日本では宗教は特に嫌がられるから、神社とは言わずにパワースポットなんて言ってみたり。キリスト教だったらなんて言うんでしょうかね（笑）。違うものとして言い換えて、宗教色をそこからまったく取り除いてみたりして。もちろん、入り口としてはいいかもしれませんよ？　道行く人をつかまえていきなり「洗礼受けませんか？」とは言えない。最初は「クリスマスに賛美歌を歌いませんか？」とか。でもいつまでも「これは宗教ではありません」とか、「これは科学です」ということが、本当にその人にとってケアやサポートになるのかと思いますね。

日本テーラワーダ仏教協会に行くと、「慈悲の瞑想」が行われますが、そのとき唱える言葉がキリスト教でアッシジのフランチェスコの祈りと非常に似ているんですね。自分以外の者のためにも祈るとか、私の嫌いな者も幸せになりますようにと祈ったりします。最後は「生きとし生けるものが幸せになりますように」と祈るわけですが。まずは自分のために祈り、自分の家族のために祈り、自分が嫌いな人も幸せになりますように、自分のことを嫌っている人も幸せになりますようにとも祈る。それが「慈悲の瞑想」なんです。そこから生まれているのがヴィパッサナー瞑想だとして、いま使われているのはどういうところかというと、さっき言ったグーグルとか、マイクロソフトだとかアップルだとか。とにかく「儲けをもっともっと上げられますように」とか「他の会社が全部だめになりますように」とかね。そういうことに使われているわけです。心を前向きにして、どんどん儲けましょう。どんどん他の会社を蹴落としましょう。そういうふうに、まったく逆の方向に使われている。資本主義、経済至上主義の中で使われているというのは、何か違うんじゃないかなと。

宗教というのは本来的には他者のために祈るとか、そういうものだと思います。それを自分のためだけとか、他の人を攻撃したり蹴落としたりするために転用していくというのは、私は違うんじゃないかなと思うんです。まあ、何がいけないかという結論があるわけではありませんが。先ほどから私が言ってきたように、医学は行き詰まってきています。もちろん科学でいろいろなことが明らかにはなってきていますから、発展はしています。

「神の領域」への侵犯

けれどもすべてがそれで解決するわけではないし、行き詰まってきてもいる。それから、今日お話ししませんでしたが、医学の発展がいろいろな問題を生んでいます。一昨日の新聞にも出ていましたけれども、いま、不妊治療がとても進んでいます。それは素晴らしいことです。けれども体外受精した受精卵をお母さんの子宮に戻すとき、それがどういう状態なのか。一部の、例えば血友病などの遺伝子疾患がある。そういう場合に、お母さんの子宮の中で育たなかったりする場合があるので、チェックはする。遺伝子疾患がある受精卵は妊娠が継続しないかもしれないので、それは子宮に戻さないと。それがもっと行けば、少しでも問題がある受精卵は最初から省くとか、アメリカでは実際にやっているそうですが、デザイナーベイビーと呼ばれるような、親の望むような特質を持った受精卵を作って、それをお母さんのおなかに戻すと。髪の色とか、目の色とかね。お母さんはブロンドで、お父さんは赤毛だと。すると「これはブロンドになる受精卵だ」と。そういうことが実際にできて、しているんですね。

あるいはゲノムの編集技術を手を入れれば、もっと望む通りの子どもも作れます。計算の得意な子どもとか、足の速い子どもとか。そういう子どもができていくかもしれない。そこまではいかないけれども、日本でも実際にやっています。がんになりやすいかどうか、唾液一滴でわかりますとか。いまは遺伝子診断が簡単にできるわけです。日本でもベンチャービジネスの活路の一つなんです。糖尿病になりやすい体質とか、腎臓病になりやすい体質とかがわかるわけです。そういうことが、血液を抜かなくても、唾液でわかる。

アメリカでは入社試験のときにそれを提出させてはならないという法律があるんですが、日本にはない。例えば私はすぐ悪いことを考えるので、もし私が若くて彼氏と結婚するんだったら、ストローとか持って帰っちゃって、唾液の検査をしてもらって、「この人はアルツハイマーになりやすいからダメ」とかね（笑）。そういうことをしますよ。私だけじゃないと思いますよ。そういうことができてしまうわけですね。あるいは「提出してください、お互い検査を受けましょう」なんて言われるかもしれないですね。

いまはゲノムの組み合わせでいくつかの特質がわかるんです。運動が得意か、計算が得意か、音楽が得意か。まあ、そのとおりにはならないとは思いますが、お子さんのうちに特性を見極めましょうと。本当にそういう検査をやっている会社があります。そうすると、「お子さんは体操が得意なのに絵の教室に通わせている。早いうちに体操教室に通わせては」というようなことを提案している。もちろんそれで親が、子どもに音楽をやってほしいのに音楽の才能がないから殺しちゃうとか、そんなことはないとは思いますが、「音楽をやってほしかったのに、この遺伝子ではできない。がっかりだわ」と。「それに比べて妹のほうは音楽ができるみたい。あなたに一生懸命やってもらうわ」みたいな。そういうことは起きかねないし、もう起きているんじゃないかなと。そういうことを、私たちは歯止めがなければやってしまうわけですよ。

しかもそれが悪いことではなく、むしろこれからのビジネスの、一つの活路として賞賛されたり、国もそれに対してお金を出したりとか、そういうことになっているわけです。やっぱりそこには、科学とか哲学とか倫理とかがないと、人間はどこまで暴走しちゃうかわかりません。

去年は障害者施設で19人の方が殺害されるという事件がありました。私たちは「とんでもない！　頭のおかしい人がやったんでしょ」などと考えますが、でも今日私が話していることと本質的にどこが違うのかと言いたいのです。優秀な人だけが生き残るだとか、優秀な受精卵だけをお母さんのおなかに戻すだとかね。犯人が、障害者は安楽死をさせたほうがいいんだ、彼らは自分も幸せじゃないし、社会にも貢献していないじゃないかと。そういう話と、どこか地続きなわけですよ。

そういう意味で私たちは、哲学や倫理や、それこそ「これは神の領域だ」と。これは人間はやってはいけない、許されないと。命の選別は、神の領域と言っていいかわかりませんが、人が立ち入るべき領域ではない、不可侵の領域だよねと。確かに人間にはそれができるかもしれない、でもやってはいけないと。ここから先は神にお委ねしたほうがいいと。そういうアンタッチャブルな領域がないと、そこまで人間が全部できると思い込むと、気づいたときにはとんでもない間違いをするんじゃないかと思うんです。

そういう意味で、今日話してきた一連の事柄、それを宗教と呼んでいいかわかりませんけれども、それをぜんぶ取り去って、ぜんぶ人間が考えて。マインドフルネスも、これはブッダが考えたのではない、俺たちアメリカ人が考えたんだと主客転倒して傲慢になる。あるいは先ほど悲しみを乗り越える力は誰にも自動的にあると話しましたが、それを「神様が守ってくれているんだ」とか、「神様が慰めをくださっているんだ」という言い方ができるわけです。それを傲慢に「精神科医が治すんだ」と。薬を飲んで、こういうステップを踏めば、こういうふうに治るんだよと。そういうふうに思い過ぎることが、結果的に、さっきの「やめてほしかった」「何の役にも立たなかった」ということになってしまうわけですね。だとしたら私たちは、それは神様に委ねましょう、私たちにできることは祈ることですよねと。そういう態度をどこかで持っていたほうがいいんじゃないかなと。

最後に。私は何年か前にいろいろあって、結局やめてしまったんですが、ホスピスの勉強をしようと思ったことがありました。それで、聖路加病院の日野原重明先生に「香山さんはあと50年は働ける」と言われて愕然としましたけどね（笑）、勘弁してくれと。こっちもそろそろゆっくりしようかなと思ったら、あと50年と。それで、日野原先生がホスピスを回診するというので、ついていったことがあります。そうすると、日野原先生なんて、来るだけでありがたいですからね。みんな手を合わせて拝むんです（笑）。なかにはクリスチャンの人が「私はクリスチャンなんですよ。でももう肝臓がんで」と。日野原先生は「そう」と。そして「じゃあ、祈りましょうか」と。そして2人で祈っていました。ああ、この手があるかと、すごく思いました ね。先生は「病室ではあまり祈らないんですよ」と仰ってましたが。まあ、これは使えるといってもどこでも使えるわけではないですが、祈るしかないときもありますよね。祈るって誰に祈っているのか、医学者なのにという議論もあるでしょう。でも人間にはどうすることもできない領域、神様にお委ねするしかない領域と言いますか、それは医学者や科学者であっても持っているんじゃないかと。いやむしろ医学者や科学者だからこそ、持っていることが大事なんじゃないかなと思うんですね。それを私のように洗礼も受けられない人間が偉そうに言うことでもないんですけど。いまのこの脱宗教化していくという動きに対しては、これは危険なんじゃないかと思っています。

私も今日は精神医学の行き詰まりみたいな愚痴を言ってしまいましたが、心のケアとかサポートを求める人は増えていくばかりで。人間が人間をケアするというのはどこまでできるのか。どこからができないのか。あるいは何をしてよくて、何をしちゃいけないのか。そっちのほうも考えていかなければいけないのかなと思ったので。脈絡のない話でしたけど、皆さんに聞いていただきました。どうもありがとうございました。

2017年2月25日

「『こころ』の時代の正義と平和」

カトリック正義と平和協議会講演

キリスト教との関わり

私は精神科医で、千代田区内に診療所に勤めています。10年ほど前から立教大学新座キャンパスに勤めています。週の半分は立教大学、半分は診療所という生活です。立教大学はご存じのように聖公会系の大学です。新座キャンバスではチャペルアワーといって、週に2回ほど、昼休みにミニ礼拝のようなものがあり、私も出席しています。というのも去年、たいへん素晴らしいパイプオルガンが入ったのです。出席者は毎回とても少なく、5、6人ですが……。

キリスト教との縁は中途半端で、自分では「万年求道者」だと思っています。小さいころは小樽に住んでいたのですが、小学校のときに家庭教師を頼んでいた近所のお姉さんが、小樽のプロテスタントの教会に通っていて、「日曜学校にあなたも来なさい」と言われて、通い始めました。家庭も、クリスチャンではありませんが、キリスト教的なものに理解があり、「いいじゃないの」と言ってくれました。中学になると勉強とか部活などが始まって離れてしまいました。

40代になってから少し時間もできて、人生について考える年ごろになって、東京の教会に行くようになりました。行くと、「あなたもそろそろ洗礼を受けたらどうですか」と言われるのですが、大人になってから洗礼を受けるというのは難しいですね。素直になれればいいのですが、「自分なりの理屈がほしい」とか、「ちょっと待ってください」とか、どこの教会を母教会にするかとか、世俗的な問題も絡んできて、たまに小樽の実家に帰ると、通っていた教会の日曜礼拝に行くのです。

東京の教会は下北沢の教会なのですが、信徒が多くて、礼拝などに行くと100人、200人います。とても活発な教会です。私もひねくれているというか、ここに私がいなくてもいいとか、ここに入るのはたいへんだなと思ってしまいます。小樽の教会は、小樽はいい街だと言われますが、高齢化が進んでいたり、人口も減っていたりして、礼拝に行くと、20~30人くらいです。がんばっているとは思いますが、少ないですよね。お年寄りばかりです。でも素晴らしいことに、小学生のころの私を覚えている人がいるのです。そうするとやっぱり、こっちが私の居場所かなと考えたりして、今年こそは洗礼を受けようかなと、いつも思ってはいるのですが……。

カトリックとはすこし違うかもしれませんが、キリスト教には非常に親しみを感じています。いまの世の中はとてもたいへんで、これからみなさんもいろいろとお話しされると思うのですが、なぜいまの世の中がこんなふうになってしまったのか、ひと言でこれだとは言えないのですが、私は精神科医なので、精神科医から見ると、こういうことで説明がつくかもしれないなということはありません。しかし、それは最終回答ではありません。あくまで精神科医から見ると、ということです。そういう話を少しだけさせてもらおうかなと思っています。

マインドフルネス療法と現代

そんなに難しい話ではありません。精神医学にもいろいろなジャンルがあって、いまの精神医学は、これも良し悪しなのですが、「ブレインサイエンス」という、脳から考える科学が柱になっています。いままで多くの精神疾患、心の病が脳の不調から起きることがわかってきました。脳の不調から起きているのであれば、その不具合を修正するような治療を行います。その治療もだいぶ変わってきました。昔は、どんな問題でも、心の中に分け入って心の中で何が起きているかを考えるのが精神医療だという雰囲気があったのですが、いまは生活や行動の記録をつけ、段階的に修復していく方法――行動療法と呼んでいます――などが中心です。

それから、最近アメリカを中心として流行っているのが、マインドフルネス心理療法です。これは、実は仏教の瞑想から来ています。仏教といっても、いわゆる浄土真宗のような大乗仏教ではなく、ブッダの教えに非常に忠実な初期仏教、ミャンマーやスリランカに伝わった小乗仏教の瞑想、ヴィパッサナー瞑想という瞑想法を取り入れた心理療法です。瞑想、というと、心を無にするとか、心の中を探求するとか思われますが、このヴィパッサナー瞑想は非常に不思議な瞑想で、心の中のことをあまり考えない、自分が聞こえている音とか、周囲の変化とか、そういったことをひたすら実況中継する、こういう音が聞こえている、こういうものを見ている、いま私は足がしびれている、「私が」ということにあまりとらわれないで、こういうことが起きている、というように周囲を実況中継していく、不思議な瞑想なのです。そのうち「私」が消えてしまう、そういうことを目指しているのです。だから心の奥に立ち入って、生きるとはなんぞやとか、そういうことを考えない。むしろ表面的なこと、自分の外のこと、窓の外を見て、空が青い、青くて気持ち良い、となると自分が入ってしまいますから、ひたすら青い、青い、青い、ということを知覚していく、そういう方法の瞑想です。

　心の奥に分け入って、心の奥を見つめるのが心理療法のメインですが、逆の、心の中のことにとらわれない、知覚していく、という瞑想を続けていくことで、「私」ということにとらわれなくなる方法です。これが心理療法に使えるかもしれないと気づいた人がアメリカにいたのです。この人が戦略家で、アメリカで紹介するにあたり、これが仏教から来たことはなかったことにしようと考えました。突然アメリカで生まれたマインドフルネスという心理療法として、スタイルを整えました。普通、これはブッダが始めた瞑想で、いまそれを伝えているのはスリランカやミャンマーのお坊さんで、という話から始めるでしょう。それを、これがどこから生まれたのかといったことをなかったことにして、マインドフルネスという心理療法の新しいスタイルとして前面に押し出したのです。この人は、そうしないとアメリカ社会では受け入れられないと考えました。仏教というと、70年代には、瞑想、仏教、ドラッグとかカルトとか、ヒッピーとか、そういう怪しいイメージがあったので、宗教という要素を隠したのです。そうしたらこの作戦がアメリカで大当たりしました。

　これが果たして良いことなのか。最初から問題提起して申し訳ないのですが。宗教とは関係ない顔つきをして広まったわけです。確かにいろいろと使える、心を無にするなんてなかなかできないけれど、毎日やっているうちに、悩んでいたことが消えたりすることがある。ある患者さんにとっては非常に効果的です。

しかし、二つの問題があるのです。一つは、これに目をつけた人たちのなかに、ＩＴ企業の人たちがいたということです。アップル社のスティーブ・ジョブズとか、グーグル社では新入社員の研修に義務付けました。心をまず整えて、心の姿勢を作ってから、仕事してくださいと。つまり、病気の人を直すためだけではなく、健康な人の健康度をより高めるためにも使うのです。マインドフルネスは、ＩＴ企業が社員の研修に取り入れたことで一気にビジネスマンに広がりました。

いま、ベストセラーになっているアメリカに住む日本人の精神科医が書いた『最高の休息法』（ダイヤモンド社）という本があります。これは、企業や政府で働く人たちがどうやって疲れも知らずに働いているかということが書かれています。ここで紹介されているのがマインドフルネスなのです。これを使えば短い時間で非常に脳が休まる。これをやっている人がよく言っていますが、非常に気忙しく、これが見える、これをいま体に感じると、気忙しく感じていくのですが、逆にその間、脳は休まっている。あまり突きつめたり問いつめたりしないで、いま起きていることだけを追っていくと、非常に脳が休まる。これでセレブやＩＴ企業の人たちは脳を休ませているのだと書いてあるのです。

つまり、マインドフルネスで脳を休ませたり、心を解放したりして、もっと儲けましょうよ、という話ですね。グーグル社の社員研修のテキストも日本語に翻訳されて日本でも売っています。マインドフルネスをやることで社員は心がハッピーになるとか、寛大になると書いてあります。でも結局、それで他の会社を蹴落として、うちの会社がますます儲かるように、それに何のためらいもなく、経済競争に入っていくように、というトレーニングではないですか。それはおかしい話です。もともとの教えで、ブッダがそれを目指していたとは思えません。

それで私もちょっと勉強してみました。仏教としてやっているところにも行ってみました。お寺ではありませんが、初期仏教の日本テーラワーダ仏教協会というところに行ってみました。そこでは必ずはじめに祈りを唱えます。そのなかに、慈悲の瞑想というものがあります。

それは、キリスト教のフランシスコの祈りに似ていました。最初に、私が幸せになりますようにと祈り、私の愛する人が幸せになりますようにと祈ります。次に、私が嫌いな人も幸せになりますように、そして、私のことを嫌っている人も幸せになりますようにと祈るのです。対象が広がって、最後は生きとし生けるものが幸せになりますようにと祈るのです。私が嫌いな人も幸せになりますように、私のことを嫌っている人も幸せになりますようにと祈る。本当に他者のために祈るのです。その精神と、うちの会社だけが儲かるように、なんてまったく相いれないものです。

もう一つの問題はもっと深刻です。最近、アメリカの海軍が戦地に行く前にマインドフルネスをしているということがわかりました。戦地に行く前に心を整えたりリラックスして、そして戦地で心置きなく人を攻撃したり、ときには殺したりする。攻撃したり殺したりするときでも心が動じない精神を作るためにマインドフルネスをやるのです。これは、宗教から生まれた瞑想が、最終的に戦争のために、殺し殺されるために使われるという、まさに本末転倒というか、ブラックジョークというか、とんでもない話です。これは、宗教から生まれたということがなかったことにされているから、ということもあると思います。最初の目的が忘れられて、弱肉強食のために使われるとは、何と皮肉なことかと思います。人間の傲慢さという、何でも自分でできるとか、やっていいとか、自分で勝手に好きなことをしていいんだという思い込みが、世の中をこんな状況にしている。

津久井やまゆり園事件

　みなさんも関心のあることと思いますが、２０１６年7月26日、神奈川で障害者施設津久井やまゆり園事件という事件がありました。19人が殺害された、本当に恐ろしい事件でした。容疑者として逮捕された20代の男性の精神鑑定が終わったらしいのです。まだその中身までは詳しく公開されていませんが、捜査関係者のリークによると、容疑者の男性は、「自己愛性パーソナリティ障害」だったという診断が出ました。

　要は典型的な現代人だった、というただそれだけの話です。何の異常もなかったのです。ここが怖いところです。異常もないのにこんなことをしてしまったのです。妄想に取りつかれたり、幻聴で「殺せ」という声が聞こえて、泣きながら人を刺すということも、人間にはあるのです。ところが彼は何もなかった。「自己愛性パーソナリティ障害」というのも、苦肉の策で、何か名前つけないと格好がつかないから、この人、正常でしたとは、精神科医としてはとても言えない。

私は「反社会的パーソナリティ障害」という名前がつくのかなと思っていました。障害ではなく正常とも言えないという場合、パーソナリティ障害という名前をつけるのです。そのなかでもいちばん重いケースが「反社会的パーソナリティ障害」です。その人たちは、その原因はまだわからないのですが、まったく同情心というものを持てない。天性の詐欺師とか、一部の宗教者とか、心から、この水を飲むとがんが治りますとか、自信満々に言って人を騙す。そして飲んでも治りませんでした、というときに、それは信心が足りなかったと言って、何の心の痛みも感じない人。そのような人がいるのです。これをわかりやすい言葉で「サイコパス」と言います。

この人たちは一歩間違えると犯罪者になるのですが、自分でもどうも自分は人と違うなとわかるので、理性があって、頭がいい人なら、弁護士に向いていたりするのです。弁護士は自分の立場を依頼人によって変えなければなりません。あるときは殺人者の立場に立つのです。すごく嫌な言い方をすれば、平気で嘘をつける人というわけです。

外科医にも向いていると言われます。つまり外科医って人を切る仕事ですから、いちいち相手の立場になって考えていたら、仕事が続かない。外科医は人の体をモノように見て作業をしていかなければならない側面があるのです。

しかしこれは理性や知性があって、自己コントロールができる人たちです。コントロールできない人たちは、犯罪者、ときには凶悪犯罪者になることがあるのです。それが「反社会的自己愛性パーソナリティ障害」です。容疑者の青年は、せめてそう診断されるのかと思っていました。ところが、これでさえなかった。冷酷で人の心がわからない人でさえ、なかったのです。

彼が犯行の前に衆議院議長に手紙を書いています。取り調べの中で、彼は一貫して、私は正しいことをやった、世のため人のためにやった、重症の障害者が生きていたって、本人だって辛い、社会にも経済にも貢献していない、むしろ税金を使って、多くの人を不幸にしている、家族だってたいへんだ、誰も幸せになれない、だからこの人たちを安楽死させることは正しいと、信念を持っているのです。この人たちはいないほうが幸せだという信念を持っている。もちろん問題なのですが、しかし、生きていても辛いと思う人も、もしかしたらいるかもしれません。けれども、それをどうしてやってしまうか、ということ、それが問題なのです。これが肥大化した自己愛なのです。俺はやっていいという特権的な意識。何でもできるという万能感。そういうものを持ってしまった。ここが自己愛性パーソナリティ障害と診断したわけなのです。

そして、先ほどのマインドフルネスです。リラックスして、他者を蹴落としたり、あるいは戦地に行く前にマインドフルネスのトレーニングを受けて、落ち着いて、動揺せずに任務をこなす力を手に入れて、人を撃ち殺して何が悪いの、爆弾を落として何が悪いの、それで子どもが死んだり、一般市民が死んでも、まあそれは気の毒だったけど、運が悪かったんだよ、俺も仕事だから、という心理と、他者の痛みが感じられないという心理とは、地続きなのではないでしょうか。

自分は何をやってもいいという自己愛的な思い込み。あるいはそれを求めて、心理療法でリラックスして自分を解放するための本が本屋さんでベストセラーになっているのです。例えば、もしかしたらやまゆり園の容疑者も、そういう本を読んでいて、人を殺害したとき、動揺しませんでしたと言ったとしてもおかしくありません。

肥大化した自己愛

そこが人間の傲慢さです。これはやってはいけないという、人間を超えるものを恐れるということを失ってしまっているのです。私が私をコントロールできるという。あるいは、遺伝子工学、生殖医療などはどうでしょう。体外受精で赤ちゃんを授かる人もたくさんいます。それはもちろん素晴らしいことだと思います。いろいろな遺伝子上の問題があって赤ちゃんがお腹の中で育たないという悩みを持った人もいます。そういう人のために体外受精をした受精卵を調べて、この受精卵なら育ちますよ、というものを選んでお腹の中に戻すということもやっています。

ところが、いまはもっといろいろなことができるのです。男女の産み分けなんて簡単です。お母さんが金髪、お父さんは赤い毛で、金髪の赤ちゃんがほしければ、受精卵を単純に調べればわかる。それで金髪の受精卵をお腹に戻す。デザイナーベビーというのができつつあります。これは、できた受精卵を親の希望に合わせて選ぶというものですが、もっと進んで、受精卵の遺伝子を操作することが可能になり、アメリカではこれを解禁するかどうかが、いま現実問題になっているのです。

上は音楽が得意だから、2番目は運動が得意な子がほしいと思えば、それができてしまうのです。子どもを授かったときに親が夢を語るということはいままでだってありました。それが、「二人とも音痴だけど、音楽が得意な子がほしい。じゃあやっちゃえ」となってしまった。いままでは、「そうだといいわね。そりゃあ、カエルの子はカエルで、両親が音痴なんだから、赤ちゃんだけ歌が上手いなんてわけにはいかないわ」と言っていた。たまたま歌の上手い子ができたら、トンビがタカ産んだと、うまく説明していたのです。それは神のみぞ知るという、そういう領域でした。ところがいまは境目がないのです。

先ほどのマインドフルネスも同じです。最初はいろいろ、気持ちが落ち込んでいるとか、対人関係がうまくいかないとか、苦しんでいる人をリラックスさせて救う方法だったのに、いつのまにか、もっと金を稼ぐマシンにするとか、戦地で人を殺すマシンにするために使われてしまうようになってしまった。ここまではいいけど、これ以上はダメ、という線引きは難しいです。人間の欲は限りがないから、ここまでできるのなら、これもいいでしょうといって、はっと気がつくととんでもないことになってしまっていたという、まさにそういうことだと思います。

これには、自己愛という、私にはやりたいことをやる権利があるという、万能の思い込みが非常に関係しています。いまの時代には、この自己愛を刺激するいろいろなメッセージ、あなたには可能性がある、あなたはやればできる、夢は叶う、というメッセージが溢れています。マインドフルネスだってはじめは落ち込んで悲しみにある人を励ますために始めたことです。

そんなに自信を失わないで、挫折したけれども、また夢を見れば人間叶うよと、悲しみにある人を励ますために最初は出てきたはずなのに、いつのまにか、苦しんでいない人にさらに夢を見させて、さらに可能性を甘受させるメッセージにすり替えられてしまいました。

自分を超えたもの、これはやってはいけないという、それはもちろん、神様なのか仏様なのか、それはよくわからないですが、とにかくこれは人間の立ち入る領域ではないよとか、神のみぞ知るだねと、これは神様にお願いするしかないよねというような領域が、やはり必要なのではないか。それを取り去って、すべて人間がやってしまっていいのか、ということが問われているのが、いまの社会なのではないかと思います。みなさんがこれから考える沖縄の基地問題、憲法、原発の問題などはまさにそのようなことです。原発なんて、自分でコントロールさえできないものを作ってしまったわけです。ギリシャ神話には、消えない火を盗んできて、オリンポスの神々が怒ったというプロメテウスの物語がありました。これがまさにこの問題です。

いまから2000年以上前、ブッダは私のことが嫌いな人も幸せになりますようにと、そういう心の姿勢を説きました。プラトンは、愛とか知とか理性とかいろいろと考えました。1000年、2000年前のほうが人間はずっと賢かったようです。そのころ考えたことが、いま、いろんなところでまったく活かされなくなってしまっているのです。これはどうしたことかと思います。人間にとって普遍的に大切なことが、いまどうして通用しなくなったのか。哲学者の永井均さんは、人間の知の賞味期限が切れつつあるのではないかとおっしゃっていました。私は人間の劣化だと思います。人間の知恵を昔の人は大事にしていました。人間が一生懸命大事にしてきた2000年の知的な営みが、まるでなかったかのようになってしまっているということは、一体どういうことなのかと、最近よく思います。

原発事故などは、人間の自己愛的な思い込みの典型です。人間の傲慢さ。不可知の、自分は立ち入ってはいけないという領域はもうないという傲慢な人間の暴走の結果です。原発事故が起きたとき、そのときはヤバいと1回スイッチを切ったのに、またいま再稼働。これは一体何なのか。

フロイトのこころのメカニズムと現代

いまから100年前にフロイトという精神分析医がいました。いまは、精神科はブレインサイエンスの科学が全盛期で、行動療法とか、マインドフルネスとか、心にあまり深入りしないのがトレンドですが、その一方には、精神分析学という、心の奥のさらに奥まで分け入ろうという領域もあるのです。これがいまは劣勢で、劣勢であるということ自体が問題なのだと思います。

そのフロイトが人間の不思議な心の動きの解説をしてくれました。その一つが否認、ディナイアルです。これはつまり、なかったことにするというものです。あまりにも恐怖や不安が大きいと考えないようにしますが、フロイトの否認とは、本当に忘れてしまうというものです。記憶から消してしまう。そういうことを人間はやらかすのです。起きてしまうのです。子どもなどはよくあります。それを受け止めたら自分のこころが崩壊する。だからなかったことにしてしまう。

私は、原発事故後、社会的にこれが起きていると思うのです。つまり、考え出したら、正常ではいられないほど深刻なのです。この間、原発事故後にロボットを入れたら、あまりの放射線量で討ち死にしたみたいなことがありました。だけど、それを認めてしまったらどうにもならない。本来なら、原発事故はたいへんなことです。なかなか手をこまねいています。でも私たちも一生懸命やっていますから、知恵を出し合ってこの局面を乗り切っていきましょう、というのがいちばん正直な態度だと思いまいす。

しかし、安倍晋三総理大臣のように、アンダーコントロール、大丈夫ですと。すべてうまくいっていますと、言ってしまう。あそこまでぬけぬけと言えてしまうというのは、本人も本気でそう思っているということです。嘘をついてやろうとかごまかしてやろうとかではなくて、自分自身をも騙しているわけです。すっかり問題ないと。これが否認のメカニズムです。でも、それほど事態は深刻だということです。自己愛的な尊大な思い込み、やっていい、できるという思い込みでやってしまって、否認をする。そういうメカニズムが起きているように思います。

フロイトは、いくつかのごまかしのメカニズム、こころの防衛メカニズム、ディフェンスメカニズムについても説明しています。同一視。これも人間はやってしまうことです。弱っているとき、困っているとき、たいへんだなと思っているとき、何か自分以外の強いもの、強い価値に自分を合わせて、自分を安心させるというメカニズムです。

例えば、改憲のこともそうです。憲法を変えたいと言っている人たちは、変えれば自分の借金がなくなるかのような、世界が変わるのではないかというような、そういう気持ちの人が結構います。あれがあるために私たちは不遇な、不自由な思いをしているのだと。憲法を変えれば世の中バラ色だと。そんなことはないですね。むしろ私たちの首を締めるというか、人権や平和を奪って私たちを窮地に追い込むはずなのに、そこを同一視して、これまた勝ち馬に乗るというか、自分を強く見せようとするというメカニズムが働いているのではないかと思います。

　そしてその原因には、先ほどの自己愛が関わっているのではないかと思います。やればできる。だけども多くの人はそうやって焚きつけられて肥大した自己愛が満たされていないのです。そう思っているのに、なぜこんなに辛い目にあわなければならないのか。非常に不本意だと思っているのです。私は選ばれた人間であるはずなのに、なぜラーメン屋の行列に並ばなければならないのか。私が来たら、「お待ちしていました。どうぞこちらへ」と通されて当然の人間なのにと、多くの人たちは自分の置かれた状況に対して不本意で、不条理だと思っているのです。どうして私は出世できないのか。イライラしている。自己愛が満たされないから。そういう不本意な状況について、誰かに説明してもらいたいわけです。

　答えは簡単で、その肥大した自己愛が間違っているのです。しょせん私たちなど、できることもあればできないこともあるんだと、そんな万能ではないというのが究極の答えです。しかし、もう一つの答えは、あなたに才能と努力がないから、足りないから、というものです。そう言われると辛いです。夢見てもいいけれど、それに見合った努力や才能がないからという事実を受け止めるのは辛い。それで人間は、あの手この手で現実を認めないようにする。それがフロイトのいう防衛メカニズムです。不安や失望を招く原因から目をそむけるテクニック。それが否認であったり、同一視であったりするのです。特にいまの人たちは自己愛によってイライラとした葛藤が強いので、こういったメカニズムを多用しているのです。憲法を変えれば、私の自己愛は満たされると。

それで私が思うのは、安倍総理は、この防衛メカニズムというか、私たちが事実を見ない、自己愛が満たされない不本意さをすり替えて説明する才能があるということです。例えば3、4年前ですか、朝日新聞が問題を起こしたことがありました。従軍慰安婦の件で、吉田清治の証言が間違っていた。強制連行の話が事実ではなかった。だからといって強制連行が一切なかったという話ではありません。吉田さんの証言が違っていただけ。そのときの朝日新聞の対応が、吉田さんという人がちょっと違ったことを言っていましたよと言えばよかったのに、全面的にお詫びをしてしまった。そうしたら多くの人は、やっぱり従軍慰安婦なんてなかったんだと、そういうふうになってしまったのです。

あの報道の翌日、安倍総理がたまたまニッポン放送のラジオ番組に出演しました。司会者の人がその質問をしたら、安倍さんは朝日新聞の従軍慰安婦の報道で多くの人が傷ついて、日本の名誉が国際的に損なわれてしまいましたと話されたのです。しかしちょっと考えてみれば、朝日新聞の報道で、私やあなたの生活が傷ついたりなんかしないではないですか。でも、そのとき多くの人が、「そうか、私の給料が安いのも、罵倒されるのもぜんぶ吉田証言のせいなんだ」と思ってしまったのです。安倍さんがそうすり替えてしまうような言い方をしたのです。多くの人は、私が悪いのではではなかった、私の生活がうまくいかないのも、私の人間関係がうまくいかないのも、朝日新聞の吉田証言のせいだったとすり替えてしまった。それをうまくすり替える、あなたが悪いのではない、悪いのはこっちです、という構図をうまく見つける天才なのです。

2万5000人による朝日新聞訴訟というのがありました。これは2万5000人という日本の裁判史上最高の原告数でした。2万5000人が朝日新聞によって名誉を傷つけられたから、1万円ずつ払えという裁判でした。つまり朝日新聞の間違った報道によって、俺の名誉も傷ついたというのです。しかし私が思うに、その2万5000人の中には朝日新聞を購読していなかった人もたくさんいたと思います。読んだこともない、関係ない、でもとにかくラーメン屋の行列に並ばなければならないのも、寒いなかでバスを待たなければならないのも、朝日新聞のせいだという、そういう発想ですね。安倍総理はその道をつくってくれたのです。

2万5000人の人たちは、私にも1万円もらう権利がある、朝日新聞には謝ってもらわなければならないと勇んで、裁判を起こしたのです。いまであれば、「中国の脅威」もそうです。尖閣に中国機が来て、スクランブル発進を何回もしています、と言っています。冷静に見るとスクランブル発進は昔のほうが多かったとか、実際に中国が戦争を仕掛けてくる可能性は実は低いとか、実際に仕掛けられたら一瞬で日本は負けるとか、いろいろと冷静な分析もあります。安倍総理が非常に現代的だなと思うところは、写真などを使って説明するわけです。百聞は一見にしかずではないですが、写真などで見せられてしまうと、私たちは、感情に訴えられてしまうのです。そして、自分を棚に上げて、自分がうまくいかないのは私のせいではない、中国のせいだと、朝日新聞のせいだとか民進党のせいだと、この人を叩けばあなたは救われるということを提示するのが非常に上手なのです。私たちはそれに乗ってしまう。

そう考えてみると、トランプ大統領などはそれをさらにパワーアップした人ですね。今朝ここに来る前にニュースを見ていたら、CNNとニューヨークタイムスはもう締め出したと。すごいですね。そういうことをして都合の悪いことは人に知らせない。都合の悪い報道は、それは嘘だと言います。それを求めている人がいるわけです。ケンタッキーのある街は8割がトランプ支持者だそうです。そこの人たちは、私たちは生まれてから1回も豊かになったことがないと、言っていました。そしてオバマさんは何もしなかった、私たちのためには何もしてくれなかった、でもトランプは違う、私たちを助けると言ってくれた、仕事を作ると言ってくれた、約束してくれた、雇用を作ると言ってくれた、と。そしてこれを1回信じてしまったら、いくら「そうではないですよ。騙されているんですよ」と言っても聞く耳を持たないのです。聞きたくないから。否認ですね。トランプさんと自己を同一視して、あの人を信じていれば私の生活を救ってくれるはずだ、と信じたい。一旦信じたい人が信じ込んだら、もう聞く耳を持ちません。恐ろしい状況にアメリカはなりつつあるわけです。しかし、日本はそれより以前から同じことが起きていたのです。沖縄で起きていることもひどいことです。

私は精神科医ですが、診察室の中での状況は実はかなり良くなってきています。私が精神科医になったころは、精神障害者の人権はかなり軽んじられていました。病院でリンチ事件が起きたり、偏見差別は当たり前でした。でも、いろいろな人たちの努力によって、誰でも心の病にはなるとか、差別してはいけないとか、あるいは法律が変わって、差別撤廃法ができたり、障害がある人でも一定数の雇用をしなければいけないとか、本当に少しずつですが状況が良くなってきました。

以前は精神科といったら特殊な人が来るところという感じでしたが、いまはいろいろな人が気軽に来院してくれるようになりました。それは良かったと思って、ふと窓の外を見てみたら、特に東京で恐ろしいことが起きていました。路上ではヘイトデモ――在日中国人、朝鮮人に対して、普通の人が、「死ね」「ゴキブリ」「出て行け」「レイプしろ」なんていうことを大きな声で叫ぶデモが、2013年ころから、毎週のように行われているのを目の当たりにしています。びっくり仰天というか、診察室の中では障害者の人権はだいぶ改善してきたのに、路上で、診察室の外で人権侵害の問題が起きているのです。ヘイトデモに対して、最近私は路上でも抗議をしています。人間の知恵はどこに行ったという話です。

日本でも、部落差別をはじめいろいろな差別がありました。いろいろな人たちの長い長い闘いの歴史があります。それも、20年くらい前からだいぶ良い状況に向かいつつありました。地道な人権同和教育などによって、だいぶ変わってきました。ところがここ数年、部落の人たちに対してもヘイトスピーチが行われているのです。これが、これまでにないレベルのものだと言います。これまでも差別はあったけれど、言葉に出さない差別とか、差別する側も、それを表立って言ってはいけない、表面的には差別はいけないと言っているのに、いざ結婚となると親が反対したとか、そういった差別でした。

ところがこの数年は、もっと差別的な言葉を大きな声で叫ぶ。「エタにエタといって何が悪い」と言われると、反論できないそうです。もっとこみ入った差別に対してはあらゆる理論武装をしてきたのだそうです。いま、部落の地域名の調査簿を一人の青年が公開しているそうです。もちろん解放同盟は訴えています。ところが、その裁判に関わっている人から聞いたのですが、彼は弁護士もつけない。それが堂々としたもので、その言い分がすごい。「あなたたちは、部落民であることをむしろ誇りとしようと言っているではないですか。誇りとするなら、公開したって良いではないですか」というのだそうです。どうして名簿を公開してはいけないんだ、やっぱり恥じているのではないか、というのだそうです。その理屈があまりにめちゃくちゃなので、逆に言葉に詰まって反論できないそうです。確信犯というか、差別して何が悪い、という開き直りです。そういう人たちがいるわけです。

沖縄がどうして74%の基地負担をしなければならないのかとか、日本の一部なのに、なぜ沖縄だけに基地が集中するのかといったら、日本における構造的差別だからです。沖縄の人たちの民意は、知事も基地反対の立場の人が選ばれています。でも沖縄で抗議をしていると、また事実をすり替えて、沖縄だって基地がなかったら困るでしょうとか、それが嫌なら沖縄を出ればいいじゃないかとか、身も蓋もないことを平気で言う人がいる。

1月2日に東京メトロポリタンテレビジョンというローカル局で、「基地反対派は金のためにやっている」とか、「雇われている人なんだ」とか、あるいはテロリストだとか、中国人や韓国人がやっているとか、堂々と流されていました。デマです。これまでだったら、みんなから「これはおかしい」「デマですよ」と言われたら、それを世に出した放送局は一瞬ビビるわけですね。まずいことをしてしまったと。でも、今回の関係者は誰もビビらない。どうして悪いんだ、という態度です。みんながみんなそうです。制作者も、テレビ局も、どこが悪いのですか、そういう声はありますよと。みんな口裏を合わせたように開き直っています。

この番組の司会者は長谷川幸洋さんという東京新聞の論説副主幹、論説委員の2番目に偉い人でした。東京新聞にはたくさんの抗議の声が寄せられました。それで東京新聞は、1面を使って全面的に謝罪をしたのです。これは私たちの社論とはちがう。東京新聞はあくまで沖縄の人たちの声を届け、沖縄の基地反対の動きを伝えることをこれまでしてきました。確かにそうでした。それで今回の事を重く受け止め、対処しますと。多くの人は、さすが東京新聞だと思った。ところがその後です。今朝の沖縄タイムスによると、3月以降も長谷川さんは論説委員として残ると、3月1日付で発令されることが明らかになりました。これでは処分ではなく、ただの異動です。がっかりしました。長谷川さんは、私から辞めることは500%ないと、ラジオでも開き直って言っていました。

つまり、いまの時代、開き直る人のほうが強いのです。昨日のトランプさん、スウェーデンのテロを見ろと言っていましたが、スウェーデンでは何も起きていません。普通は、「しまった。間違ったことを言ってしまった」と考えると思いますが、開き直っていました。何か、嘘でも開き直ったほうが勝ちという、そういう世の中になってしまっています。

絶対的な正義と宗教の役割

皆さんに本当に言いたいのは、正義はどこにあるのか。ある人は、これまで「正義フォビア」が世界を覆っていたと言っています。つまり、本質的な答えなどないとか、市場原理にまかせるしかないとか、正義なんていう価値観は相対的なものであって、時代によって変わる、ミニスカートと同じだと。ミニスカートが流行っていたときは、かわいいと思っていたけど、流行が終わると、なぜあんな短いものをはいていたんだろう、ダサい、と言ってまた長いスカートが流行る。価値観なんて時代ごとに変わるのだから、大きな声で正義なんて言うのははずかしいことだという風潮が、この30年くらいずっとあったのではないでしょうか。

そんなことより、何が流行っているのか、何がオシャレなのかを話題にしたほうがいい。一番大切な価値観だとか、求めすぎないほうがいいという時代が続きました。けれど、いまこんな時代になってしまって、正義どころか、まったくの誤り、事実でさえない、真実でさえないものが、逆にそっちが真実のような顔をする時代になってしまっているのです。これは違いますね。

時代によって揺るがない正義、真実は、やはりあると思います。あるということを言い続けなければならない。平和は大事であるとか、当たり前のことです。人の身になって考えようとか、差別はいけないとか、それは、どうしてと聞かれても、いけないわけです。なぜ人を差別してはいけないか、理由なんてありません。なぜ平和でないといけないのか。それはもちろん、私の体が傷ついたら困るからとか、家族が困るからとか、あると思いますが、では家族がいない人は？　と聞かれたら答えに窮してしまう。でもそこは普遍的にこれだけは譲れない、ということがあるわけです。

みなさんはここでとても強い。それは聖書に書いてあるからとか、神様がそう言っているからとか、ということを言える立場にあるからです。それをフルに生かしてもらいたい。みなさんを使うわけではないけれど、「これは譲れない」と言えるのは、強いと思います。マインドフルネスはそこを言わなかったのです。これはお釈迦様が言っているのです、と。その結果、広まったけれど、間違った使われ方をしてしまったわけです。でもそこで、「これは神様が言ったことです」なんて言ったら、ドン引きされるのではないか、とか思われる方もいるかもしれませんね。宗教宗教と言うと嫌われるから、「クリスマスのケーキを食べに来ませんか」とか、敷居を低くしたほうが良いと思っている人がいますね。「勧誘はしませんから、ちょっと歌を聴きに来てくれればいいんですよ」と、駅前でビラを配ったりしていますね。それを批判するつもりはないけれど、逆に「神様について考えてみましょう」「神様の言葉を信じましょう」と、堂々と仰っていただきたいと思います。

沖縄ではキリスト者の方たち、シスターの方たちにも会って、話を聞きました。「私たちは平和を大事にするわけですから」とはっきり言うわけです。それに励まされるのです。ですから、人間の心はフロイトが言うように勝手にいろいろ改ざんしたり、何かと一致させたりしてしまうわけですが、だけどそういうことではなく、時代は変わってもゆるがない真理とか、正義、平和、愛というものがあるということをいまこそ見直さなかったら、人間の世界は、これでは終わってしまいます。トランプさんは、核を拡大すると言っていますから。いまこそみなさんは、世の中に必要とされているのだと思います。

「精神医療とスピリチュアルケア」

香山リカ×賀来周一対談

賀来周一プロフィール

かく・しゅういち　キリスト教カウンセリングセンター理事長、元ルーテル学院大学教授。鹿児島大学、立教大学大学院、日本ルーテル神学校、米国トリニティルーテル神学校卒業。日本福音ルーテル教会の牧師として各地の教会に従事。ルーテル学院大学教授を経て現職。1982年、カリフォルニア州バークレー、ヘリック記念病院にて臨床牧会教育を履修。85年、同州ワトソンヴィル、西部・集団および家族精神療法研究所にて再決断療法を研修。著書に『新版・実用聖書名言録』『新版・サンタクロースの謎』『キリスト教カウンセリングの本質とその役割』（いずれもキリスト新聞社）などがある。

キリスト教カウンセリングとは何か

香山　キリスト教カウンセリングのことは、ほとんど何も知らないのですが、興味津々です。いろいろ聞かせてください。先生がカウンセリングを始められたのはいつごろですか？

賀来　50歳ごろからですから晩学ですね。30代では、教会の歴史に興味があり、オハイオ州の神学校に留学して歴史を専攻しました。

帰国後は札幌の教会に赴任して専ら伝道と牧会活動に従事していたのですが、東京の教会に招かれ、同時に日本福音ルーテル教会全体の教会行政の責任を負うようになり、教会教育や伝道部門を担当していました。50歳になり、全体教会の代表責任から解放されましたが、そのころ、ルーテル学院大学に「人間成長とカウンセリング研究所／PGC」(現在はデール・パストラル・センター／DPCとして再発足している）を設立することとなり、当時、牧会カウンセリングの担当教授であった、ケネス・デール先生が所長になられたのを機に私もスタッフの一員に呼ばれたのです。先生が私のところにやって来て、「学外の一般人にもカウンセリングを教える研究所を作るから手伝ってください」と言われたのが、最初のきっかけです。「でも、私は臨床心理の分野は知りませんが……」と言いますと、「では、もう一度留学してください」ということで、カルフォルニア州バークレーで行われている臨床牧会教育(Clinical Pastoral Education/CPE)を受けることとなったのです。

プログラムはダウンタウンにある、300床ほどの地域病病院(Herrick Memorial Hospital)で行われるので、病院に近い太平洋神学校に住んでそこから毎日通っていました。

香山 カウンセリングを勉強しに行かれたのですか?

賀来 そうです。ただ、CPEのプログラムは臨床心理学に基づくカウンセリングの理論と技法を学習するというより、毎日入院患者を訪問し、相手の苦悩や悲嘆を聞き、それを逐語録に書き起こして、翌日の症例検討会でスーパーバイザーを中心にグループメンバーからのフィードバックももらいながら、相手との関係が援助的になっているかどうか、もしそうでないならば、自分のどこに問題があるかに気付くことを主眼としていました。そのことが自然にカウンセリング技法の熟達度に結びつくこととなったように思います。

私のスーパーバイザーは、自己の弱さに気付き、自分と向き合うことを教育の基本的な課題としていました。脆弱性こそ成長の縁（へり）と口癖のように言い、弱さを大切に扱っていました。

プログラムは多彩で、基本的には、病棟に入院している人たちを訪問することでしたが、誰を訪問するかは各病棟の婦長の指示で訪ねることになっていました。

実習生は、自らテーマを設定し、病院の人的な資源を活用して、シンポジウムを主催することもありましたし、日曜日には病院のチャペルで自分の所属する教派の礼拝形式で礼拝を行う課題もありました。興味深かったのは、礼拝に出席する患者さんは多く精神科病棟からで、精神疾患の人たちに説教のメッセージがどのように届いたかを振り返るのは難しい作業でしたが、牧師の仕事は人と関わることなしに成立しないので、自分という人間がどのように人と関わるかを本質的に知るよい訓練の機会だったと思います。

その他にも、気付きジャーナルを毎日付け、週に1回そのジャーナルをスーパーバイザーに見せ、個人スーパービジョンを受ける時間もありました。それは教育分析の時間でもあったのです。

香山　デール先生は日本でもそういう場が必要だろうというお考えだったのですか?

賀来　もちろん、日本でもCPEを神学教育に取り込んでいる神学校はいくつかあります。私が所属するルーテル教会の神学校では、ハンセン病療養所でＣＰＥを実施したこともありましたし、現在は精神科病院を実習の場として行っています。

しかし、お尋ねのように、牧師もしっかり心理臨床の世界に触れて、ひと様の相談に与ることが必要だろうということで、ＰＧＣが設立されたのですが、当初は牧師たちから全面的に賛成されたわけではありません。また、研究所設立にあたって、心理の専門家の意見を聞く場を設けたこともありましたが、心理関係者からも反対の声があったのです。

香山　質問ばかりですみません。それはなぜですか？　もろ手を挙げて支持されそうですが。

賀来　牧師からは、牧師は宗教的な立場で人の問題に関わるべきである。信仰の世界の中で人は変わるし、問題も解決に向かう。何よりも牧師は聖書と祈りを大切すればいい。だから余計なことはしないほうがいいという考えです。

心理関係者からは、心理の世界に宗教を持ち込むのはどうかと思うとか、心理の分野は、それなりに専門性を持っている。だから素人が、この分野に手を付けるのはどうかなどという意見もありました。

研究所としては、そういう反対の声もあるなかで、主として一般信徒向きにもカウンセリング講座を開設したところ、意外に大勢の人が受講されたのです。当時はキリスト教を基盤にした一般向けカウンセリング講座自体があまりない時代でしたが、教会と密接な関係にある神学教育機関がキリスト教を基盤にしたカウンセリング講座を開設するというのが評価され、昼夜2クラスに100人を超える受講者が集まったのです。

香山　信徒だけですか？

賀来　もちろん牧師や神父の方も少数ではありましたが、熱心に参加されましたし、中には未信者の方もいました。このことは、教会の信徒の間には、カウンセリングに対するニーズがあることを現していました。というのは、教会は、一般社会の集団、例えば企業、学校、諸団体に所属するには一定条件を満たす必要があるのに対して、資格や年令性別、能力、社会的地位などを問うことなく、無条件に誰でも自由にやってきます。誰が来てもよいということでは、この社会の中で希有な集団と言えるでしょう。特に生きづらさを抱えて、一般社会の集団から排除された人にとっては社会の中のオアシスのようなものです。それだけに教会にはさまざまな問題を抱え込んだ人が来ますし、長い信仰歴を持った信徒であっても問題を抱え込むことがあり、また誰であれ、身近なところに援助を必要とする人を持つことは珍しいことではありません。そのような教会の実態は必然的に援助を必要とする現実を日常的に抱えているわけです。

牧師は牧会という働きの中でそうした信徒や来会者のニーズに応えているのですが、牧師一人では十分な対応ができません。足りない部分を信徒の力で補おうとする動きもカウンセリング講座を受講する人たちの動機の一つでありました。信徒もまた牧会の働きに参加するという動きといってもよいかと思います。

牧師は、神学校で牧会カウンセリングを学ぶのですが、牧会という用語が牧師の専有活動と受け取られやすいので、信徒もまた教会の働きに参与するという視点からキリスト教カウンセリングという表現が、いまでは使われるようになってきました。

香山　キリスト教カウンセリングというのは、「聖書にはこうありますからあなたの悩みはこういうことです」とか、「聖書にこうあるのであなたの悩みの答えはこうです」とか、そういうことではないんですね。そもそも「これはキリスト教カウンセリングです」とクライアントに名乗るんですか？

賀来　名乗らないですね。持ち込まれる相談のほとんどが身体的、心理的、あるいは社会的な原因に由来する、生きづらさの問題ですから、さまざまな問題を扱うことになります。加えて成熟した信仰が答えとなる霊的な問題も加わってきます。

香山　特別なキリスト教カウンセリングの訓練を受けていなくて、日常の中でキリスト教的な関わりをする人はいますよね。それも広義にはキリスト教カウンセリングなんですか？

賀来　おっしゃるように、しばしばキリスト教信仰をもってカウンセリング活動に従事する人で援助活動は個人の善意の働きであると思っている人がいます。ボランティア活動をする人が自分の善意に基づいて奉仕をするのと同じ考え方ですね。それは、それで成立するかも知れませんが、しかし、個人の働きであっても、その背後に教会があるということを忘れるべきではないのです。

教会は長い歴史の中でさまざまな文化や社会の変化に洗われて、余計な夾雑物をそぎ落とし、人間にとって無くてならぬ、普遍的な真理を持って今日あるはずです。

それを仰々しく表に出すというのでなく、そのような教会という背景を持ちつつ、この世が持つ多様な価値観を理解したり、人間の知の所産である学問の成果を援助活動に援用するのもキリスト教カウンセリングの世界であると思っています。「私の信じる宗教の方が効き目があるよ。うちの宗教に代わったら」となっては困ります。

キリスト教カウンセリングが、教会の働きであるという認識は、聖書に基盤を置く、信仰告白共同体としての「教会」の働きです。教会というのは、この社会に対してパブリックに開かれているのですね。そして教会の働きは大きく伝道と牧会に分けられます。大まかに言えば、伝道とは教会が社会に向かって呼び掛ける働きと言えるでしょうし、牧会とは社会が教会に求めることに応じる働きと言えます。この時代にあっては、牧会の働きはとくに重要になってきました。

社会が複雑になればなるほどそれだけに教会が対応しなければならない問題も複雑にもなります。こうした問題を教会は牧会という領域で受け取ることになります。キリスト教カウンセリングはそのような社会からの問題の受け皿の一つということができると思います。

香山　キリスト教カウンセリングというのは、単にキリスト教信仰を持った人でカウンセリングを学んだ人が、オフィスや病院で使う一技法なのかなと思っていたんですが、教会という背景があって行われるというものなんですね。

賀来　これまで教会がカウンセリングという世界に関心を示さなかったのは、教会の働きとして取り上げてこなかったからだと思うんです。教会という場所はいろいろな人が来ますので、この世で人間が抱える問題は否応なく全部引き受けるというか、否応なく入ってくるわけです。

その中には、受け取った個人の能力を超える、あるいはこれまでに身に付けた知識や手法では手に負えない問題もありますが、そういう問題は対処可能な専門機関に委託しなければなりません。
しかし、初期段階では、ともかくも、来談者の悩みを聞くということをベースに始まります。最初から、教会ではあなたの問題は扱いませんとは言えませんから。
問題が援助側の対応能力によって受理可能ならさらに継続して援助するでしょうが、能力の限界を超えてまで援助すると援助者がパンクします。臨床的な牧会の立場では、援助の程度を配慮（ケア）とカウンセリングに分けています。簡単に言えば、配慮は世話をすることで、カウンセリングは持ち込まれた問題を解決に導くことと言えましょうか。でも両者の間に明確な区別はありません。

香山　それは牧師個人の働きなわけですね？

賀来　まずは牧師の働きとして受け取るのが普通です。しかし、これまでの牧会カウンセリングは、相手の話を共感的に聴くことが大切である。その援助プロセスの中でクライアント自身の中に自ずと気付きが生まれ、問題を自分の主体的な責任の下で受け止め、自発的に答えを見付けていくようになる。それがカウンセリングだとする訓練が主流を占めてきました。その背景にはカール・ロジャーズが提唱した来談者中心カウンセリングが大きく影響したと思います。

けれども、今日の複雑化した社会がもたらす問題に対して、傾聴、共感、受容といった基本は必要ですけれども、それだけでは済まされなくなってきたのです。心理療法や精神医学の基本的知識が必要だというニーズも出てきて、牧師も専門性を持つ傾向が出てきました。最近では牧師でありつつ臨床心理士の資格を取得する人も出てきました。また牧師でありつつ、精神科医として働いている方もいます。

私自身も実践的な心理理論である交流分析を身に付けようと思い、この分野では国際的にも著名なグールディング夫妻が主宰しているカリフォルニア州ワトソンビルにある西部家族・集団精神療法研究所で再決断療法という心理療法を研修してきました。帰国して、人間成長とカウンセリング研究所やキリスト教カウンセリングセンターを中心に交流分析研究会を30年ほど主宰してきましたが、いまは後継者にお願いしています。

さらに、これこそキリスト教カウンセリングが取り上げるにふさわしい問題が、ここ十数年前から浮上してきました。スピリチュアルペインの問題です。自然災害などで生死が危機に曝される問題などは「なぜ、こんなことが私に起こるか」などという不条理の世界に身を曝すわけですから、この世の知恵が通用しなくなるところが出てくる。否応なく宗教的ケアが求められます。東日本大震災では、各宗教が協力して宗教的ケアをする臨床宗教師も生まれて来たのです。あるいは死に逝く人を対象とするスピリチュアルケアを専門とする牧師も出てきました。ホスピスで病院チャプレンとして働く牧師が増えて来たのも最近の傾向ですね。

スピリチュアルケア学会も発足して、スピリチュアルケアに関する資格も付与しています。こういう状況の変化を見ていると牧会という領域に対して、私は神学としての臨床牧会学が成立しなければならないと考えています。

香山　あくまで牧会カウンセリングの発展形がキリスト教カウンセリングということですね。

賀来　そう言えるかと思います。宗教でしか解決できないような問題、例えば先ほど申し上げた死の問題、それに不条理の問題ですね。「あなたはもう大丈夫。自分のことは自分で主体的に責任が取れます」では済まされない世界が広がっていて、信仰の世界が必要となる。それをどのように展開していくかが課題です。

香山　場所としても教会の中で行われるものなんですか?

賀来　一般的なことから言えば、極めて個人的な相談に与る場としては教会で牧師個人か、あるいは牧師と信徒が協働し、共同牧会というかたちで行われることもあるでしょうが、教会の中で行われる場合は、日本の教会は小さいので、牧師一人でも間に合うかも知れませんね。

そこに信徒が介入してくると個人的な主観性が出て来て牧会の邪魔になるという牧師も結構いますので、ケースバイケースで判断する以外にないでしょうね。事態が深刻なら、困っている人を教会とは別の相談センターに紹介する、あるいは委託するかたちがよいかも知れません。

スピリチュアルケアが実施されている場所は、主としてホスピスです。キリスト教関係のところでは、専任の牧師が病院チャプレンとして働いています。最近では高齢者福祉施設でも終末期ケアをするようになってきましたので、特養施設で取り入れているところがあります。また特養に限らず、養護や軽費なども含めて高齢者福祉施設にチャプレンを置いているところもあります。

先ほど少し触れた臨床宗教師がいるところでは、お寺や神社でも行われているところもあるようですが、それはごく少数のようです。しかし、東日本大震災、熊本地震のような大災害では、各宗教が協力して援助活動に当たっています。

私自身は、体力のこともあり、東日本大震災では直接現場に行きませんでしたが、阪神・淡路大震災のときは、ルーテル学院大学のＰＧＣの有志と一緒に西宮の教会に24時間対応の電話を開設し、支援の相談に与ったり、神戸の教会で被災者の相談を受けたりしました。多くは「なぜ、こんなことが起こるか」「神さまはいるのか」といったスピリチュアルペインに関わる問題が多かったですね。

香山　教会は学校にも似ていて、聖域というか、どれくらい他職種を入れるかという問題もあると思います。医者ぐらいならばいいのかもしれないですが……。

賀来　アメリカでは大きい教会に限られますが、有資格のカウンセラーや精神科医を雇用しているところもありますね。またはクリニックを併設しているところもあります。

日本ではそこまで手が回らないですね。そもそも教会のサイズが小さいので、牧会の働きも牧師が仕切るということが日常茶飯事になっています。私は信徒の方が牧会相談に与る場合には、「教会の中で相談を受けるときは。牧師とよく相談してください」と言っています。牧師の方針や考えがありますから、牧会的な判断が違うと牧師が困ってしまうことも起こります。なかには勝手に相談事に与り、後で牧師から苦情を言われるという事例もありました。

牧会に関わる問題で相談を受けたとき、いちばん困るのは、教会内での牧師と役員間、あるいは教会員同士の対立ですね。そういった教会自体のトラブルに不用意に介入すると、結果次第では教会全体が困る事態を引き起しかねません。しかし、まったく教会内部の問題に関わらないということはありません。そうした場合は、「人間関係についての研修会を開きませんか」と提案をすることがあります。問題を直接的に取り上げるよりも一般化して人間関係を理解するほうが、自分たちの問題を客観視できるので自主的に解決の糸口を探しやすい。こういうときは、わざわざアメリカまで行って研修してきた、交流分析が役に立ちました。交流分析には「火星人になる」という言葉があります。自分を遠くから見ると自分が何をしているか、誰とどのような関係を持っているかがよくわかるからです。

香山 牧師が教会内の対立でどちらの側からも相談を受けているという話を聞いて、すごく人間的というか、「こんなことで」と言ったら失礼ですが、意外に俗っぽいというのが、ほっとすると同時に面白かったですね（笑）。

賀来 教会は皆が天使というわけではありませんから、もめ事も起こります。しかし、もめ事が起こるときは、教会が何事かを計画して活動していることが多いですね。何もしなければ何も起こらない。

私は教会のもめ事を持ち込まれるとよく言います。「あなたの教会は活動していますね。死んだような教会にもめ事は起こりません」と。

もともと教会は基本的に間違ったことはしませんから、利害関係が対立するより、よいことをめぐって、個人の気持ちがぶつかり合うことが多い。「気が進まないけど、無理に賛成している」「あの人は声が大きいから反対できない」「しなくてもよいことだが、あの人が言い出したから」「自分はいいことだと思ったのに、誰も賛成しない」などと、いろいろな気持ちが飛び交っています。気持ちは妥協点を持つことができないので、モヤモヤしているのです。

個人が教会で何事かを提案するとき、私はよく「教会全体に呼び掛けて何事かをしようとするときは、自分がよいと思う前に、教会全体にとってよいかどうかを考えてください」と言っています。

教会で何かをするときには皆の気持ちがそろっているのがいちばん良いのです。

香山　会社なら利益が上がるほうを選ぼうとなるけれど、大学も教会と似ていて、ある意味、民主主義的なんだけど、結局どれが正しいかわからない。私にはわからないから、先生には「どっちが信仰的に正しいか査定はしないんですか」と聞いちゃったわけですが。

賀来　一般に第三者として、どちらが悪いか善いかで裁くと教会そのものが分裂することもあり得ますし、結果として責任は取れないので、できるだけ教会自体に責任を取ってもらうようにしています。

話はちがいますが、パーソナリティー障害の人が教会の中で気づかないうちに分裂を作ってしまうこともありますよね。

香山　ボーダーラインパーソナリティー障害の人たちは、オールグッドとオールバッドに両極に心の中が分かれていて、それを周囲の人たちにも投影するので、入院すると病棟のナースが分裂すると言われることがあります。結果的にその人自身は気づかないうちに、勝手に周囲が分裂してしまうということですね。

賀来　そうした問題を教会役員や牧師から相談室に持ち込まれることがあります。その場合は、本人の中に心理的な仕組みがあることを説明し、知識を持って対応してくださいと助言します。専門家を呼んで研修会を開くといいですよと勧めることも多いです。

香山　私は患者を見るときに、この人はボーダーラインパーソナリティー障害だとか、うつ病で双極性障がいだとか、カテゴライズする習慣がついてしまっているんですね。アメリカの操作的な診断基準で見て、全人的に見られなくなっている面もある気がします。私は勝手に、キリスト教カウンセリングとか教会は、そういう見方をしないからいいなと思っていたんですが、やはりそこに専門知識があったほうがいいんですか？

賀来　パーソナリティー障害の場合は、コミュニケーションの特別なタイプがあるということを理解しつつ、本人を人間として見るということですね。なかなか難しいことですね。

キリスト教カウンセリングセンターでは、講座にパーソナリティー理論や精神保健の基礎課目を学習することになっています。

香山　医療の世界では専門知識が必要ですが、それに偏って、人としてではなく病として見てしまうという欠点が出てきていると思うんです。小樽の教会には、病院に通院する人が結構来ていて、かなり重症の統合失調症を患う人もいたのですが、それでも教会が受け入れて、「病人」ではなく「こういう人」なんだという認識で和気あいあいとやっていました。受容的なところが、それこそ教会の良さだと思ったので、専門知識なんかあまり要らないんじゃないかと思ってしまうんですが。

賀来　専門知識を持った人がたくさんいる必要はないですよね。でも、相談が持ち込まれた場合に備えて、ある程度は心得ておいてもらう。教会の大きさにもよって、そういう人がいても問題発生の程度が違います。100人、200人という礼拝出席者がいるようになるとあまり目立たないのですが、人数が少ないとその人に振り回されてしまう。ですから、そうしたときには対処しなければならないですよね。手に負えなければ専門家の手に委ねるということが大事だと言っています。

香山　どのような基準で専門家に委ねるのですか？その見極めはどこか、にとても興味があります。

賀来 一つの基本的な基準は「手に負えない」。扱いかねるということです。特定の人を攻撃するとか、のべつ幕無しに教会に電話をしてくるとか、牧師や牧師夫人を困らせるとか……。

香山 例えば私の領域ですと、幻聴が聞こえる人が「神様の声が聞こえる」と言って教会を訪ねることもあると思うのですが、そういうときはどのように対処するのかなと。

賀来 私の知る限りでは、そのまま受け入れているところも結構あります。しかし、人数の少ない教会では、何でも受け入れるというのは難しいと思います。

香山 教会から排除するということはしないんですか?

賀来 それはしないですね。ただ、教会も社会なので、していいこととしてはいけないことはあると思います。夜中に電話してくるとか、朝早くに玄関のブザーを鳴らして訪ねてくるとか。そういうときは、当人の気持ちは受けとめておいて、別の時間を提示するなど、こちらの要求を伝えるんです。

カウンセリングと「赦し」

香山　キリスト教カウンセリングにおいては、信仰や教会などが基盤にあるとしたら、キリスト教的な倫理では許されないというような問題にはどう対応するんですか？　私たち精神科医は、倫理という面で人について良いとか悪いといったことは言いません。不倫とか、人を騙しているとか、そうしたことで人を判断しないんです。

賀来　もちろん、倫理的に許せないことを相談されることもあります。そうした話に「そんなことはしてはいけません」と言ってしまったら、道徳的な次元で終わってしまう。不倫問題でキリスト教カウンセリングに来る人の多くは、「自分が相談するようなことは、「キリスト教では許されない」と言われるだろうと思って来ています。だからこちらが「ダメ」と言ってしまうとそこで終わり。根本的な原因がわからなくなってしまう。
いずれにせよ、本人は悩んでいるので相談にくるので、悩んでいなければ相談することもありません。

私が太平洋神学校で結婚カウンセリングの課目を聴講していたとき、言われたのは「君たちは信仰者だから、不倫の問題を持ち込まれると、それはダメだと思ってしまうかもしれない。けれども、それを言ってしまえば、その先はカウンセリングにならない。「あなたのしていることにはどんな意味があるか」と聞くのがもっともよいと教えられました。

意味を問い、そこから本人の新しい生き方が生まれてくるなら素晴らしいことです。ヴィクトール・フランクルは、人は意味なくして生きることはできないと言いますから。

香山　そこですぐに聖書を持ち出して、「こう書いてあるからダメです」とは言わないんですね。キリスト教カウンセリングというとそんなイメージがあったので（笑）。本人が決めたことを尊重しましょうっていうのは基本だと思うんです。ただ、私も年をとって経験が長くなってきて、精神科医としてとは別に、一人の50代の人間としてコメントすることもあるんです。昔と比べると多少口うるさいこともあるけれど、それだけ医者としての自分と一人の人間としての自分を操縦できるようになってきたからというのもありますね。

賀来　本人の意思を尊重しますが、多くの問題は本人だけで事が済まないですね。かならず関係性があるはずです。「あなたの問題でいちばん苦しむのは誰ですか」と私なら尋ねるかもしれません。人間は自分が悩んでいるか、人を悩ませているか、どちらかだと言いますが、他人を悩ませていることには案外気付かないものですね。

香山　私たちはクライアントの決めたことはできるだけ尊重するという原則があります。だから、「妻に隠して浮気を続けることにしました」と言われれば、「そうですか、しょうがないですね」となることもあり得ます。キリスト教カウンセリングでは、その方の出した答えがキリスト教的な教えと相反しているとき、最終的には聖書を持ち出すんですか？

賀来　「聖書にはこう書かれている」と言い切ってしまうと、答えが出てしまいますよね。だからそうせずに、質問を切り返すことをします。仮に「浮気を続けます」と言ったとしたら、「本当にそれでいいの？　本当にいいの？」と聞くと、案外答えに詰まってきますよね（笑）。

香山　問うんですね。キリスト教的に解釈してあげるとかではなく。

賀来　あまり解釈や分析はしませんが、意味を問うことはあります。「あなたの体験や出来事にはどんな意味がありますか」と。

香山　相談者の方が、こうしてみますと答えを出したときに、それをキリスト教的な倫理で「いい」とか「悪い」とかおっしゃることは、ないんですね？

賀来　仮に来談者が好ましくない方向に向かうとすれば「自分としては、それは悪いと思うけれども、あなたはどう思いますか」と問うかもしれませんね。
教会でいちばん大事な部分は赦しですよね。単純な「いいですよ」ではなく、キリストの十字架を介在にした赦し。

香山　すごく表面的な理解ですが、イエス様はいい人のために死んだというわけではないですよね。

賀来　そのあたりの事情を申し上げるとするとカウンセリングの場で直接持ち出すことはないかもしれませんが、キリスト教信仰によって人間の問題を考える場合、世界観や人間観は重要な土台となります。カウンセリングの場合、人間の問題を扱うわけですから、人間とは何者かが根底で問われなければなりません。結論を先に言えば、人間は罪人であるという認識です。罪人というと悪い人と思いがちですが、罪人を「ざいにん」と読んでしまえば、私は悪いことなんかしていませんと大抵の人は言うでしょう。聖書がいう罪人とはキリストに出会ってはじめて認識する自分の有りようです。有名なイエスのたとえに、百匹の羊の内、一匹の羊が群から抜け出して、後から羊飼いが追いかけてくる話がありますが、あの一匹の羊は迷ってなんかいないのです。気の向くままに自由に歩き回っています。羊飼いが追いかけて来て、肩に担がれて、元の群れに戻って来て初めて迷っていたとわかるのです。

羊飼いであるキリストと出会わなければ、気ままに自由な生活を満喫していたかもしれません。自分の意のままに生きる、言い換えれば、自分が世界の中心になる、あるいは世界を支配することが罪人の姿です。自己中心は罪であると言われますが、この人間の罪性は自己努力ではどうにもならないので、キリストの死が人間の罪を贖い、それによって人は、罪から解放されて、真の自由を生きる者となる。これが「赦し」の本質です。この自由は、自己中心に生きる自分に執着する、あるいはしがみつくことから解放されて、新しく生きる自分を獲得することを意味します。これができるためには、キリストという後ろ盾がなければなりません。でも、そのキリストを観念の世界で理解しても生き方にまでは反映しない。

こういう話があります。キリスト者の自叙伝は、自分がどのようにキリストを信じたかを書いても、それは自叙伝にならない。むしろ、キリスト者の自叙伝は、自分の人生の如何なるところにもキリストが働いてくださった記録でなければならないというのです。人生は山あり谷ありです。嬉しいときもあったでしょうし、人には隠しておきたい、イヤなことだってあったでしょう。しかし、キリストは人には隠しておきたいところにも働いてくださったはずです。その記録を赤裸々に書くことがキリスト者の自叙伝であると。

別の角度から言えば、「私」という自分のすべてをキリストは働き場とされたということですね。しかも、もっとも隠しておきたいところであればあるほど、キリストは「私」に激しく働いてくださった。ですから、その人生の一齣を鮮明に記憶しているはずです。だとすると、そのイヤなところを働き場とされたキリストを覚えているはずです。そのキリストはもはや観念のキリストではなくなっている。「私」に働いてくださったリアルなキリストです。そのキリストが後ろ盾になってくだされば、すべてにおいて自由になる。病気にも自由になるし、不幸にも自由になる。このような自由を「……への自由」と言っています。

さまざまな困難を抱えて来談する人たちに直接このような説教じみた言葉を投げかけることは滅多にありませんが、カウンセラーが、このような生き方を援助の根底に秘めておいて、クライエントと分かち合うことができれば素晴らしいですね。

カウンセリングで持ち出される問題はだいたい裁き合う対立関係が多いですからね。夫婦の問題にしろ、人間関係にしろ、自分自身の中での内的対立にせよ、教会内のトラブルには、赦しという世界をどう提供するかは教会の課題だと思います。

香山　私もそう思ったことはあったんですが、「トランプ大統領も赦しましょう」というような、そうは言えないようなひどいことが起きていますよね。赦しということで現実の問題を解決できないような状況になっていて、逆に声を上げていかなければいけないと思ったのですが……。

賀来　赦しが安価な赦しになってしまっては困りますよね。場合によっては善か悪かに裁くのでなく「本当のことを明らかにする」という意味で、相手に厳しく対峙するかもしれないですね。でも、相手をキリストの赦しの中に生きている存在として、受容する。キリストの十字架はそういった世界を持っていると思います

香山　安価な赦しということをおっしゃいましたが、私の患者さんにも、家で暴れるお子さんを持つ親の方がいて。子どもが教会に行くというから喜んで送り出したら、すべての人が赦されているという話を聞いてきて、ますます家で暴れるようになりましたという話をしていました。

賀来　人は誰であれ、一人で生きることはできません。誰かと一緒に生きている。その関係性の中で見ていかねばならないと思います。子の場合、親から見た子どもへの関係性、子どもから見た親との関係性に問題がありそうですね。私も家庭内暴力の相談を受けて、子どもが家で暴れているというのでご自宅を訪ねたら、自分の部屋だけ壊していたんです。そこで私は、「自分に応えてくれという信号ですね」と言ったんです。そして「どれほど優れたカウンセラーでも親に代わることはできません。親なら子どものために死ぬことができる。ほぞ

を固めてお子さんに向き合ってください」と申し上げたことがありました。

家庭内暴力を起こしている子どもの相談を受けるときに、最初に親御さんに申し上げることは、「心得て暴力を振るっていますか。例えば、物を壊すということがあれば、壊してよいものを壊しているとか、お母さんの顔には決して手を出さないなどということがあれば、心得て暴れている。つまり健康な自我が機能している。もっと向き合ってくれという信号ですよ」と。もし見境なく暴れていれば「情緒的に混乱している可能性があるから専門家に相談しましょう」と言います。

香山　人を見たり場所を見たりして暴れているのは、何かのメッセージだったりするかもしれないですね。

カウンセリングと「信仰」

香山　キリスト教カウンセリングは祈ったりするんですか。

賀来　私がＣＰＥを受けていたときにスーパーバイザーから言われたことは、相手が祈ってくれと言わなければ祈らなくてもよいということでした。体調によっては、祈りが負担になることもあるからです。

香山　わからないというときに、わからないまま終わらせるのが気持ち悪いとき、「祈りましょう」という締め方がありますよね。

賀来　ありますね。もう死にたいとか辛いという言葉を聞くと、牧師だから、牧師らしいよい言葉を返さなければと思えば思うほど言葉が見つからない。その不安から免れるために祈るということが起こる。そうなると相手のために祈るというより自分の不安解消のために祈っていることになります。形の上では牧師という役割を果たしている。でも牧師という役割に逃げている。

私は、相手の状態を見て、お祈りをしない方がよいと思うときはお祈りを無理にはしません。さりげない会話するだけのほうがよほど慰めになることだってありますから。

あるホスピスのチャプレンがこんなことを言いました。「信仰深いクリスチャンに得てして起こりやすいことがある。見舞いに来て、話が深刻になるとすぐ聖書を読んでお祈りをする。見舞った人は、それで気が済むかもしれないが、病人の方は、まだ言い足りない気持ちを残している。返す言葉に詰まったら、手を握ってあげるだけでもいいのに」と。

香山 もう一つお聞きしたいのは、「キリスト教カウンセリングを受けたい」という方が信仰を持っていないときは、どうされるんですか？

賀来 人として尊重しますから、基本的に信仰を持っているか否かは問題にしておりません。人間として見ていくというのが基本です。

香山 どこの教会員ですかとかは聞かない、と。

賀来 聞かないですね。時には違う宗教の人も来ます。職場でお客さんに勧められて来ましたとか。

香山 例えば乳腺科のとあるクリスチャンの先生は、がんがわかってショックを受けている患者さんに、み言葉カードを渡すそうです。それはクリスチャンとして教会に誘うとかではなく、ただ診療の中で渡すだけ。そういうキリスト教カウンセリングだと名乗らずにする行為は、キリスト教カウンセリングではないのですか？

賀来 クリスチャンの患者さんだったら親しみを感じて安心するかもしれませんね。キリスト教カウンセリングセンターで面談をする場合、私たちは聖書や信仰という世界を先立てません。

香山　前提としては、信仰を持った人が信仰を持った人にカウンセリングをするということですか？

賀来　必ずしもそうではありません。来談者が信仰者であるとは限りませんし、カウンセラーが信仰者であるかどうかは問いません。ただし、キリスト教カウンセリングセンターはキリスト教の世界観、また人間観に基づいて援助活動をしていることを理解してもらった上でカウンセラーとして奉仕して貰っています。クライエントもクリスチャンであるかどうかは問いません。教会とは無関係にいろいろなところからやってきます。豊島区の保健センターにもチラシやニュースを配っているので、時々、区の保健センターから紹介されて来る方もいます。

香山　クライアントが信仰を持っているかどうかでやり方は変わりますか？

賀来　一般的なカウンセリングの手法をベースに置いていますから通常のカウンセリングと変わらないですね。ただ、信仰があることで慰めや勇気を得るであろう問題、例えば理不尽な死や、重大な喪失体験、予期しない出来事や災難との遭遇、自己責任によらない事故、難治性、致死性の疾患や不条理の問題など、どうしても宗教的なものが出て来ざるを得ない。そういうときこそ、キリスト教カウンセリングの出番ですね。

答えが出ないところを歩む

賀来　不条理の出来事は教会がよく取り上げる問題で、不条理をどう理解するかは非常に重要なんですね。心理学に基づく一般カウンセリングでは、そういう問題は宗教家や哲学者に聞いてみてくださいというのが答えになると思うんですが、教会では真正面から向き合わなければなりません。

香山　オックスフォード大学に行ったときに、あるドミトリーの小さな部屋にイエス・キリストがランプを持った絵画が飾ってあって、説明書きを読んで部屋を出ようと思ったら、ドアに「ここを出た後はイエス・キリストがあなたの足元を照らしています」という言葉があって、とても印象に残っています。そういう存在というものが腑に落ちて、納得がいきました。

賀来　それは印象深いお話です。旧約聖書の詩編（119編105節）がモチーフになった絵ですね。私たちのカウンセリングセンターの相談室にも飾って置きたいくらいです。自分のなかに答えを見出すことができないときには、自分の外に自分を正しく導く光が必要ですね。

ハーバード大学のゴードン・オールポート、社会心理学者であり、また人格心理学者でもあって、熱心なクリスチャンですが、信仰のありようには外発的なものと内発的なものがあると言っています。外発的な信仰とは、自分中心的な信仰のことで、平たく言えばご利益信仰ですね。そのような信仰ではいざというときに通用しないとオルポートは言います。

他方、内発的な信仰は自分に起こったことはすべて神の御心、あるいは、神はすべてをご存じとするような信仰で、その信仰があれば、自分の外に自分を委ねるものを持つことができる。委ねる決断をするとは、なるようになれではない。先ほど先生がおっしゃった、灯火を持つキリストに導かれる世界ですね。外からの導き、それがあれば、答えのない暗闇の中でも一歩先に進める。

赤星進先生というクリスチャンの精神科医がいらっしゃいました。この方は、自宅で患者さんも交えて聖書研究会の集まりを開いておいででした。多くの著作がありますが、その一冊に「心の病と福音」があります。その中に「信仰には二通りある。一つは自我の信仰、もう一つは神のわざとしての信仰である。自我の信仰は、信仰を持てば病気が治ると思う信仰であるが、そう単純には病気は治らない。かえって悪くなることすらある。それに比べて『神のわざ』としての信仰がある。その信仰があれば病気を自分の友にすることができるし、治りも早い」という意味のことが述べられています。

そこに書かれた「神のわざとしての信仰」は、内発的な信仰と同じで、そのような信仰でないと人は、答えのない、暗闇の中を歩くことができない。

でも内発的な信仰と外発的な信仰は、一人の人間の中で絶えず葛藤しています。そればかりか教団や教派、教会の集団の中でも、この二つの信仰は葛藤しています。信仰を持ったから良いことがあるのではないかとか、平和になるのではないかとか、喜びに満ちるのではないかとか思うけれど、実際にはそうはならない現実もある。では、それをどのように自分が受け止めていくかといえば、結局内発的な信仰でなければ受け止められない。

私は、一般のカウンセリングとキリスト教カウンセリングはどう違うかと聞かれることがありますが、そのときには、キリスト教カウンセリングは「自己完結で終わらない、答えがないところも歩むことができる生き方を教える」と説明しています。

一般の臨床心理学をベースにしたカウンセリングは学問として成立しているので、答えの出し方は「もうあなたは大丈夫、自分の問題を自分で責任をもって抱え込むことができるし、自分の足で立って歩むことができます」と、答えを自分に預けます。しかし、人間は答えを自分に預けられても「大丈夫かな」と何となく不安になるところがあるものです。

大学院を出たばかりの若い臨床心理士が、客観的にわかる心理テストに頼りがちになることがありますが、心理テストをして診断をしても生き方に答えが出るわけじゃない。時々、臨床心理士のカウンセリングを受けた人が、ボランティアベースでカウンセリングをしている、私たちのところに面接を求めて来ます。「ただでさえ辛いのに心理テストまでされて、さらに辛くなる」と言うんです。

心理テストは、診断はしてくれますが、生き方までは示してくれません。クライエントは生き方を求めている。

キリスト教信仰をベースにするとは、バックグラウンドに教会を置くことだと申しました。いわば牧会の働きがカウンセリングの土台になる。牧会の働きの中に受け取られていく人間は、結局自分を超えた存在の中で「生き死に」の営みをきちんと定めることを身に付けて、何があっても大丈夫という生き方ができるようになることが目的です。ですから、私は、「大丈夫、大丈夫、心配ない」と相談に来た人に言うこともあるんですね。ある人は、こう言いました。「先生が大丈夫というから、大丈夫だ」。その大丈夫は、私が保証しているわけではないのです。教会の働きが背後にあるから大丈夫なんですね。

キリスト教カウンセリングセンターには認定制度がありますが、カウンセリングをする人には、「あなたの後ろに教会があることを忘れないでください。あなたの働きは、教会の働きであって、あなた個人の働きで終わりません」といつも言っています。教会は長い歴史の中で養ってきた、さまざまな知恵を持っています。そういうものが後ろからあなたを支えているから、あなたの力だけでカウンセリングをしているわけじゃないと。

また、カウンセリングを受ける方には、「人間の知恵とか力は相対的だから、絶対ということはない。あなたが答えを出したとしても、それで絶対に大丈夫だとうなずくことはないでしょう。これでいいのかなと思う。自分の力だけでは何か頼りない。そういうときには、委ねるものを持ってください」と言います。委ねるということは自分を手放すことですから、難しいことでもあります。もし、そうなら自分を手放せない縛りは自分のどこから来ているかに気付く必要がありましょう。

臨床心理士の高橋良臣先生（登校拒否文化医学研究所所長）が、「人間は委ねるものがないと生き方がぶれる」と言っていました。この方は不登校の児童と共に親たちも見ていますが、親がぶれると子どももぶれる。親はいろんな意味で辛いことや苦しいことがあるかもしれない。例えば仕事を始めたけれど、こんな仕事はしたくないんだと子どもの前で言ったとするると、それを聞く子どもたちは親もぶれていると感じてしまう。

しかし、苦労しながらでも親がこれで生きるんだという軸を持って生きていく姿を見せられれば、子どもたちは親も苦労しているけれどしっかり生きているんだなと感じる。

つまり委ねるものを持つというのは生き方が定まることですから、親がそれを持たないと子どももぶれるという話なんです。

考えてみると信仰の世界も委ねるということですよね。委ねるものを持って、自分から解き放たれるときは考えてもわからないから思い切って決断するしかない。

香山　私はそれがずっと決断できなくて（笑）、人にはずっと「求道中です」と言っています。大人になってから決断するって難しいですよね。

賀来　決断するとき、わかろうとする世界が残っていると決断できないのかもしれないですね。現代社会の知の構造は、考えてわかる。目で見て実証できることが本当だとする考え方に立っていますが、信仰の世界は、考えてもわからない。目で見て実証できない。けれども真実の世界です。むしろわからないほうがいいんですよ。エイヤッと否応なく信じることになるから。

香山　ですが、キリスト教カウンセリングは必ずしも「神様がお決めになることです」「神様だけがご存じです」とは言わないですよね。

賀来　そこまでは言いません。キリスト教的な表現ですが、援助の結果として、慰めと希望が来談者の中に生まれることを目標としますが、慰めも希望もこの世の現実の中で起こることなんです。そのためには、この世の知恵を使って、生きる安心感を与えたり、悲しみをやわらげ、明日への一歩を踏み出す勇気を持って貰う。そして慰めと希望の世界が生まれる。これは牧会の中でも重要な働きです。

だいたいいまの時代の教会は慰めと希望を求めてくる人が多いですね。また不安を抱えた人も多い。高齢化、障がい、病気など、比率から見れば、一般社会より多いかもしれません。そのような問題に対しては、教会はいくら信仰が中心になるといっても、お祈りすれば現実の問題が即座に解決するわけではありません。考えてわかる、目で見て実証する知の世界、つまり学問として発展して来た知の所産を使って、対応します。神さまにお任せして、祈るだけで何もしないということはありません。

その一方で、考えてわかる、目で見て実証する知の世界では答えがない問題に人はぶつかることがあるんです。それこそ「スピリチュアルペイン（痛み）」の問題で、世界保健機関（WHO）が取り扱うべき問題の中に加えています。1990年「がん患者の緩和ケアについての報告書」の中に「がん患者は身体的な痛みと共にスピリチュアルな痛みを持つ。緩和ケアは、この二つの痛みに対応しなければならない」と主張しています。スピリチュアルペインの訳語として適当な日本語はまだありませんが、精神的痛みでは心理的な痛みと混同しそうだし、霊的な痛みと訳すと神秘的な感じがするので、カタカナ標記のままになっています。一九九八年には、WHOは、健康についての定義を改定して発表していますが、その定義は「人が健康であるためには、身体的要因、心理的要因、社会的要因、そしてスピリチュアルな要因が相互に関連しながら、全体として活性化しているなら健康である。何らかの疾病、また生活上の不都合がないということではない」としているんです。つまり、病気をしていても、少々生活上悩みがあっても、OKということなんですね。

　この定義はまだWHOの総会で議決されていないそうですが、スピリチュアルケアに従事する人たちの間では、すでに有効に用いられています。この定義が有効とされた理由は、新しい要因に「スピリチュアルな要因」が加えられたことにあります。スピリチュアルという用語は、宗教的というニュアンスが強いのですが、宗教的と言ってしまうと既成の組織宗教を連想してしまうのでカタカナ表記になっています。私自身は「健全で成熟した宗教性」と訳しています。先ほど申し上げたように、人はスピリチュアルペインを抱えると、人間の知恵や力を越えた世界を求めます。それが働くとたとえ病んでいても、生活に不自由さがあっても、そこを乗り越える力を持つことができる。ＷＨＯは、それを重視したのですね。でもうっかりするとカルト宗教やオカルト宗教が入り込んで、スピリチュアルペインで苦しんでいる人を食い物にしてしまいます。それで、私はスピリチュアリティーを「健全で成熟した宗教性」と主張しているのです。

私は、緩和ケアに従事する看護師さんたちにスピリチュアリティーの話をすることがありますが、「先生は牧師だから、人間の知恵とか力を越えた世界がわかるけれど、無信心の者はどうしたらわかりますか」と聞かれることがあります。そういうときには、私は「自然のものを見てください」と答えています。自然のものを見れば、自ずとそこには考えてもわからない、人間の知を越えた世界が見えるはずだと。

昆虫記を書いたファーブルに、誰かが「あなたは神を信じているか」と聞いたら、「毎日見ている」と言ったそうです。人間には、ミツバチ一匹、ミミズ一匹さえ作れませんからね。すると「この前、山に登ったら自分を超えたものを感じた」と言う人がいました。「それもスピリチュアルな世界の入り口ですね」と答えました。場合によっては牧師らしく「それ以上知りたければ教会に来てください」と言うんですけどね（笑）。何か自分を超えた世界に触れてみるということはすごいことです。人間は、そこでシャキッとなるのですよ。
しかし、最近はスピリチュアルが変なところで使われていますね。パワースポットとかパワーストーンとか、チャクラ、チャネリングとか。こういうのはアメリカの西海岸に行けばたくさんありますね。守護霊とか背後霊などもそうですが、いまお話ししているスピリチュアルは、そういう世界とは違いますね。

香山　あとは宗教とは違って、経営者の方が好む「サムシング・グレイト」という言葉もありますね。人智を超えた大いなる意志、といった意味です。神様や仏様とは違う。それはまた違う概念ですよね？

賀来　経済活動と結びつけて、その言葉が使われているとは知りませんでした。筑波大学の名誉教授村上和雄先生は分子生物学の研究者ですが、「生きた細胞と死んだ細胞の成分を調べるとまったく同じだ。しかし一方は生きているが、他方は死んでいる。自然科学は生きているのは代謝作用があるからだと言うが、それは生命現象の説明に過ぎない。なぜ生命があるかは、自然科学は答えない。私は自然科学者だから、宗教家のように神さま、仏さまが造ったと言えないが、人間の知恵を越えたサムシング・グレイトの力が働いたとしか思えない」とある講演で話されました。人間の知の限界を超えているという意味では、スピリチュアリティーと言えるかも知れないですね。

別の角度からの話です。寅さん映画で助手をしていた人で現在牧師をしている方がおいでです。この方と話をしていたら、「寅さん映画は宗教的なんだ」と言っていました。つまり、帝釈天は寅さんの思いが届かないところを補っているんだと。寅さんがいちばん望むのは家庭なんですね。ですから寅さん映画の主な場面は、いつもお茶の間。しかし、家庭環境は複雑。しかも時々、隣のタコ社長がやってきては、ドタバタ騒動になる。いつまでたっても寅さんは望む家族が手に入らない。寅さんは、「それを言っちゃおしまいよ」と捨て台詞を残して、柴又の商店街を出て旅に出る。後ろから腹違いの妹さくらが声を掛ける。「お兄ちゃーん」。そのときに帝釈天の鐘が「ゴーン」と鳴る。帝釈天の鐘が「ゴーン」と鳴ることで、寅さんの思いが届かなかったことが補なわれているのだそうです。「あれは教会でもいい」と、その牧師は言っていました。健全で成熟した宗教の世界というのは、本人の思いが届かないところを補っているのですね。

奇跡と癒しへの求め

香山　宗教と言えば、刑務所で受刑者と面会する宗教者、教誨師の方たちはたいへんですよね。私は死刑囚の支援運動をしている人たちと関りがあるんですが、死刑囚の方の生活は極めて制限されているんです。ただ、その実態はわからない。死んでいくというプロセスは考えたくないし、見えないようにさせられているというか。

賀来　教誨師の方は死のプロセスに立ち会えないということは、初めて知りました。その点、スピリチュアルケアは､死の看取りがケアの中心になります。看護師から「患者さんから『死んでしまいたい』と言われるがどうしたらいいか」と聞かれることがよくありますが、私は「こう言ったら良いという模範解答はありません」と答えます。ただ、「生き死にに関わる質問を投げかけるとき、それを無意味な人には投げかけない。だからその患者さんにとって、あなたの存在そのものに大事な意味がある。一人の人間として傍にいてあげてください」と言うんです。しかし、死にゆく人と共にいるというのは辛いという人もいます。そういうときは、死の向こう側を意識することで死に逝く人の傍にいることが可能になるものです。そういう質問があると、私は「人間は１００％死にます。早かれ遅かれ、あなたも死にます。いずれ死ぬ存在として一緒にいてあげてください」と言うんです。

香山　ただ日本では、信仰がなく生きている人には死後の想像は難しいかもしれませんね。極楽浄土とか天国とか言いますけど。

賀来　宗教心理学者の樋口和彦先生が講演会で、「人間の問題は命が始まる前と終わった後のことを考えなければ完成しない」と言っていました。命が始まる前と命が終わった後は、想像するしかないんですよね。ある人がガンになって、「先生、天国はどんなところですかね」と聞いてきたので、「わからないけれど、帰ってきた人がいないからいいところなんだと思うよ」と答えたんです。「そうか。誰も帰ってこないか。よっぽどいいところなんだな」とつぶやいていました。それから間もなく亡くなりました。彼も帰ってきません。

天国で何をしているかと聞かれたら、私は礼拝していると答えるんです。しかも肉体がないから牧師の話も眠くならずに聞けると（笑）。しかも24時間礼拝しているから忙しいかもしれない。これは「私の物語」で想像することでしかありませんが、想像することによって慰めがあるんですね。

香山　人との別れとか、自分の命がなくなったらどうなるんだろうとか、考え出して恐怖でうつ病になる人もいらっしゃいますが、何か物語が必要とされるんでしょうね。

賀来　49歳で亡くなった方の在宅ホスピスケアに関わったことがあります。この方は音楽会がとても好きでした。亡くなる数日前でした。ご主人と子どもさんたちを前にして、「これまで有り難う。私は天国に行くけれど音楽会のようなところだと思っている。いずれみんなも来ると思うので、席を予約しておく。お世話になった先生たちの分も取っておくからハンケチをお棺の中に入れておいて頂戴ね」と言い残して旅立たれたのでした。納棺のとき、棺の中にハンケチを沢山入れました。こういう「私の物語」が残されると思い出す度に慰めを感じますね。

いろいろなケースを見ていると、病状が急変して「私の物語」が未完成で終わる場合もありますが、その方に近い方が未完の部分を紡いで完成に至る場合もあります。それが慰めに通じるのですね。

先ほどの在宅ホスピスの場合は家族が常にそばにいて、医師や看護師、牧師もご本人といっしょに家族と話すことができるので、温かい雰囲気が醸しだされたのですね。それが周辺の人たちにも慰めを与えるような「私の物語」を紡ぎ出したと思います。この世的に考えれば、事実ではないけれども、真実という世界もまた人間は求めていると思うんです。

香山　救いという話も出ましたが、やっぱり世間の人が教会や信仰に求めているのは、イエス様が病気を治したような救いとか奇跡もあると思うんです。不条理を救いで解決してほしいという方もいるかもしれませんが、もう少し踏み込んだ奇跡のようなものが与えられるのではないかという期待を持って、宗教に近寄る方は多いと思います。むしろ、新興宗教はそちらを強調していますよね。

賀来　だいたい宗教と言うと「信仰を持てば癒される」と、癒されることを治癒と結びつける方がいますが、それは本来の救いとは違います。いちばんよくわかるのは自分の病気のことを考えたときで、祈ったから治るのではないかという気持ちと、難病だから医学的には治らない病気を得たということに神の御心があるのではないかという気持ちと、その二つが自分の中で闘っているのですね。

香山　それを受け入れるというのは、逆に受け入れる側が知的な理解力を必要とするのではないかと思ってしまいますね。そういう葛藤も含めて「私の信仰」と思うためには、そうとう理解力とか自我の力のようなものが要求されるんじゃないかと思います。

そういう意味で、クシュナーの『なぜ私だけが苦しむのか』（岩波書店）はとても正直な本だなと思っていて、我が子の難病から、なぜまじめなラビである自分がこんなに苦しむのかを考え、率直に問い直すというものでした。

賀来　私が今年の春、難病で入院していたとき、同僚の牧師が差し入れてくれたのがクッシュナーの「私の生きた証はどこにあるのか」という本でした。生きるということに関して、さまざまな角度からの洞察に満ちた言葉が散りばめてありますが、ひとつ印象に残っている言葉は、「人生に何を求めるか」を問うよりも、「人生に何をするか」だと言っているところがあります。年を取ると、つい「人生に何を残したか」と過去に残したものに目が行ってしまいますが、年を取っても「人生に何をするか」という生き方は、難題を抱えていたとしても希望を手放すことがありませんね。

話は少し違いますが、私の教会に50代でがんになられた方がいて、あるときお見舞いに行くと「先生は私のところにおいでになると『病気の時も恵みの時』と祈られましたね。先生。ウソでもいいから信仰があれば病気は治ると祈ってくださいませんか」と言われるのです。そして私の顔をじっと見て、「でも病気の時も恵みの時というのが本当ですね」と言われました。

実は、その方の病室では、隣のベッドの方がある新宗教の信者だったのですが、その方に見舞客が来るとついでに寄って「あなた、キリスト教なんか信じているから治らないのよ。私たちの宗教に代わりなさい。そうすれば病気は治る」と言われるのだそうです。でも医学的には治る見込みはない。でも治りたい。だから「ウソでもいいから信仰があれば病気が治ると祈ってくれ」と言われたのです。しかし、その願いは到底叶うことはない。だから、病気の時は恵みの時が本当であると。この方は死の向こう側に希望を繋いでいるなと思いました。

香山　それはすごい（笑）。さっきの内発的信仰、外発的信仰の話で言えば、創価学会は完全に外発的なものを享受するということですよね。私の患者さんにも創価学会の方がいて——私も勧誘されていたんですけど、あるとき車椅子で来られて、聞いたら創価学会の集会の帰りに骨折したと。それで「信じればいいことあるよって言うけど、そんなことないじゃない」と言ったら、「何言っているの。お題目の力で死なずに済んだ」と言われました（笑）。悪いことがあっても「それで済んだ」という、徹底した教えですね。だからそっちのほうが楽だから、弱い人はそっちに行くんだろうなと思いました。

賀来　楽だから自己中心的な信仰に行きがちですね。

香山　そうすると、やっぱりキリスト教は楽じゃないんじゃないですか？

キリスト教は難しい？

賀来　キリスト教は現実の自分を見るというか、正直に自分を見る。例えば、病気とか障がいを抱えて葛藤しながらでも生きていく勇気を与えられる。

香山　それはきついんじゃないですか？

賀来　でも、信じ方にふたとおりあると言われたときに、どっちが本物の信仰かというのがだんだんわかってくるんじゃないですか。そのときは考えず、「エイヤッ！」と飛び込む。最終的には本物の信仰が本物の自分を掴みとることになるのではと思います。

香山　宗教と言うと、私が外来で診ていると、「手かざし」のような新興宗教は精神障がいの人を受け入れてくれて、役割を与えてくれるようです。でも、キリスト教は敷居が高いというイメージがありますね。

賀来　与えられた役割が、一種の作業療法になるんでしょうね。日本の精神疾患の入院患者の半分は受け皿があれば社会生活ができると言われているので、受け皿は必要ですよね。
　教会内に施設まで設けているところは聞いたことがありませんが、「こころの泉会」のように教会で定期の集会を持っているグループはあります。カトリック教会ではアルコール依存症の人たちのためのAAを持っているところが多いようです。また、キリスト教カウンセリングセンターと同じようにエキュメニカルな団体で精神障がい者に特化して活動しているキリスト教メンタルケアセンターがあって、それぞれに工夫しながら活動しています。

香山　彼らからすると、聖書とか牧師さんの話は難しい。単純な教義のほうがわかりやすいと言いますね。もちろんそれがいいとは思わないけれど、どこにも居場所がない人を受け入れていることには感心しますね。

賀来　何か役割を与えてくれること自体、健全なかたちであれば問題はないと思います。お金儲けなどに結びつけてしまうと問題になりますが。でも、キリスト教ってそんなに難しいですか？

香山　難しいんじゃないですかね。もちろん礼拝で賛美歌がきれいとか、そういう良さはあると思いますが、ただ題目を唱えればいいという世界とは違います。ある程度の辛抱強さが必要ですよね。パワースポット的なお手軽さはない。

賀来　プロテスタントの教会は、説教に重点をおいているので、どうしても説教を通して信仰の世界をよく考えることを当たり前のように身に付けていますね。それは、もちろん大切なことでそれによって、信仰の世界の深さを知ることになるのですから、これを軽視することはできません。ただそこで留まると理解するという世界が残ってしまう。

私の母親は、１９０５（明治38）年生まれで、94歳で亡くなりましたが、生きていれば今年１１２歳になるはずです。幼少期から日曜学校に出席していて礼拝は欠かしたことがありませんでした。ところが高齢になって、やや認知能力が低下してくると礼拝を欠席するようになりました。なぜ、礼拝に出席しないのかと聞くと説教がわからないと言うのです。聞いて考える力が衰えてきたのですね。でも聖餐式のときには礼拝に出ます。聖餐式は飲み食いですから考える必要がない。

教会では、説教は見えない神の言葉、聖礼典、つまり洗礼や聖餐式は、見える神の言葉と教えているはずです。私は、教会はすごい知恵を持っているなと思いました。説教も聖礼典も神の言葉なんですね。母親は飲み食いというかたちで考えないで信仰を養っている。私も高齢になって認知症になっても聖餐式があれば信仰を養うことができる。そう思いました。

香山　私も医者なので、実証的なエビデンスに基づいた治療をします。ですから、自分の行動も他者に説明できなければいけないのではないかと、どこかで思っているんです。「先生はどうして受洗したんですか？」と聞かれたときに、「それはこういう理屈だったんですよ」ということをちゃんと言葉にできないといけないのではないかと。本を読んでみると、奇跡体験をした人の証しなどがありますよね。急に神の声が聞こえてきたとか。それはそれで良いだろうと思いますが、私は精神科医なので、それは脳の生理的現象だとつい思ってしまうんですね。

聖書に書いてあることはヒューマニズム的には受け入れていますが、いっぽうで「ヒューマニズムと信仰は違う」と言われて、確かにそうだとも思うんです。いいなと思っていざ受洗に際して牧師さんに「神様を信じますか？」と聞かれても、「ちょっと待ってください。もう少し考えます」と答えてしまうんじゃないかと。ためらいなく「はい」と言えるかどうか、いまひとつ自信がない。

賀来　先生は正直な方だと思います。でも考えていたら、私の信仰も説明できない部分が残ると思います。信仰の世界は「わからない世界」だから信じるので。私の教会に長い間受洗しない人がいたのですが、理由を聞いてみると「まだ教会のことや聖書のことがわからない」と言うんです。それで、私は、少し乱暴に「聖書なんて一生かかってもわからない。『わからない』というのがいちばん正しい聖書の受け止め方でしょう」と。わからなければ最終的に「諦めました。お任せします」と神さまに降参することになる。信仰の世界にはそういうところがあるんじゃないでしょうか。

香山　私が時々行く教会は、聖餐式のときに受洗している方にパンと葡萄酒を渡すんですが、そのときに「まだ受洗していない方はお待ちください」と言われます。そうすると私を含め何人か残る。少数者で焦るんですよ。それを牧師先生に言ったら、それを理由に受洗してもいいんじゃないですかと言われて（笑）。

賀来　でも、香山先生は信仰の神髄を自分のものにしようという、ちょうどいい場に立っていらっしゃいますね。わかって洗礼を受けたら信仰が信念になってしまう。信じるか、信じないかは、決断の問題だから、思い切りがいると思います。

随分前のことです。あるキリスト教関係の出版社の企画で執筆者研修会が開かれたことがありました。その年は劇作家の矢代静一さんが講師でした。講演の後の懇談会で「私が洗礼を受けると言ったら、遠藤周作が『洗礼を受けるなら、君は筆を折ってもいいか』と言いました」と話されたのを覚えています。「夜明けに消えた」を執筆されて間もないころだったと思います。信仰を決断するには、大事なものにさようならを言う覚悟めいたものがいるのだなと思いましたね。

教会は誰にとっても居場所になるか

賀来　教会は居場所になり得ると私も思ったのですが、どうしたら本当に居場所になると思いますか？

香山　私は大学で教えているので、「居場所がない」「生きづらい」という学生とも接していますが、「チャペル礼拝があるから行ってみたら？」と言うと、心理的なバリアがあるのか行ってくれません。

賀来　何か抵抗感があるんですかね。

香山　新座キャンパスのチャペルではチャプレンがいろいろな講座を開いていて、「死にたいと思う方へ」とか直接的なテーマで行っているんですが、あまり学生が来ないんですね。どうやらチャペルでやっていることに抵抗があるみたいで。もしかするとチャペルで行うにしても、「カウンセリング講座」といった名称にしたほうが学生は来るかもしれませんね。

私は精神科医なので学生からの相談もよく受けるんですが、相談員としてではなく教員として大学に行っているので、一人ひとりの相談には乗れません。それでチャペルの講座を勧めると、「それはちょっと……」と言うんですね（笑）。

賀来　よくわかります。

香山　行けばいいのにと思うんですが、ただ教会、チャペルだとなぜかハードルがある。毎年春に、新入生に向けて「カルト宗教にご注意」といった看板を出すんです。もちろんカルト宗教に限るんでしょうけど、「宗教は危険」というメッセージを発信しているわけです。学生にとっては何が良くて何が悪いのかわからない。キリスト教も、危険だとか怪しいというイメージがあるのかもしれないですね。一方で、占いとかパワースポットとかは大好きなんですよ。

賀来　それは不安だからなのでしょうか。

香山　就職とか結婚とか、何かの力を借りたいと求めてはいるんですよね。

賀来　一方で若者をたくさん集めるような教会もありますね。そういう教会はだいたい音楽をベースにしていて、若者の気持ちを高揚させるような現代的な礼拝が行われていて、非日常を経験させる。そういうかたちで居場所を提供するのは、本来の教会ではないのではないかとも思ったりします。

香山　一種のトランス状態になるような感じですよね。

賀来　ストレス発散というか、日常生活は辛いけど、教会へ行けばワーッと言える。そんな感じの居場所が教会の居場所とは思えないので、すると何が居場所になるかということですよね。

香山　日本の教会は何となく知的で上品な人たちが集まっているイメージです。それは悪くないんだけど、西洋文明を最初から知っているような大学の人とか、インテリ層を中心に広がってきたという経緯が関係しているのかもしれません。社会のさまざまな人たちの縮図というよりは、ちょっとハイソな、同じ階層の人たちが来ているイメージがある。私でさえ、堅苦しいというか居心地が悪いというか、よそ行きの顔をしていないといられないという感じが、何となくあるんですよね。「誰にでも開かれています」「誰でもどうぞ」と言っているんだけど、本当に文字どおり「誰でも」なのかなと思うところがあって。小樽の教会はそれこそ高齢者や病気の人、障がいのある人がいて、むしろ社会に適応できない感じの方も多いんですよ。むしろ私はそっちのほうが本来の教会という感じがして、気安く行けて居心地が良い感じがするんです。

癒されるために牧師になる人

賀来　あまり表面化しませんが、教会でも多くの人は病んでいる世界を持っていますよね。ご本人が病んでいる場合もあるけれど、子どもとか親の場合もある。問題を抱えた人が来ていることは事実ですから、教会はもっと愚痴とか不平とか不満を言える世界であってもいいかなと思います。しかし、言葉がきれいじゃないと教会らしくないと言われる感じはありますね。最近は年金生活者の教会員が多いので、牧師のほうが給料が高いということも結構ありますね。そこから牧師に対する不満が出て来る。昔は牧師が貧乏であることを自慢できたし、言い訳にもできたんですけど、いまは言えなくなりました。信徒の人たちも牧師は貧乏だからと労ってくれたものです。

香山　一方で、型破り牧師のような極端な感じの人が出てきたり。もうちょっと普通の人というか……。

賀来　普通の人でいいんですよ。世間の要求に自分を合わせようとする必要はありません。

香山　やっぱり牧師さんや聖職者というと、清貧というイメージがみんなの中にある。私の患者さんにも「牧師になりたいんです」と言って神学校に行こうと思っている人もいます。どうなんだろうと思いつつ、否定はしないで「たいへんだと思いますよ」と。そういう方は年をとってから神学校に通うということがあります。

賀来　最近多いですね。牧師になる人が、定年に近いとか、定年を迎えて、第二の人生を牧師として献げるという。

香山　第二の人生ならまだいいけど、「自分探し系」というか、それで神学校へ行こうと思う人が少なからずいて、その人はいいかもしれないけど、この人の教会に通う信徒の方はどうかなと思いながら（笑）。たまに精神科医になりたいという人もいるんですね。医学部はハードルが高いから、カウンセラーになりたいという人もいるし。「まずは自分の問題を解決してから、人さまを治したらいいですよ」とか言いますけど。

賀来　患者さんの中にそういう人がいるんですね。
香山　いますね。
賀来　牧師なら誰でもなれるという気持ちがあるんですかね。
香山　自分が救われたいということなんでしょうけれど。
賀来　自分のアイデンティティを牧師になることで完成させようとすると失敗しますね。
香山　お気の毒ですね。神さまに奉仕する気持ちはあるのでしょうが、どう失敗するんですか。
賀来　結局自分のことしか考えないから、他人のことが考えられないんですね。牧師になったら自分の信仰が確立するのではないかと思ったり、なかには比較的楽な仕事だと思って、牧師になろうと思う人がいないとも限らない。しかし、実際に牧師になると厳しいところがありますね。私はよく神学生に、牧師になったら絶望と徒労に慣れなさいと言うことがあります。生身の人間としてはそのようなところに身を置くことがしばしばあるからです。しかし、それに慣れれば楽になる。

言葉にならないもの

香山 もともと精神科は、医学という世界の中で異端視されてきた部分があるので、特にここ40年くらいは科学化しようとしてきたところがあると思うんですね。医学ということを強調するために診断基準のガイドラインを作ったり、脳科学を重視したりというサイエンスに傾きすぎてきた部分があるんです。それはある部分までは致し方ないんですが、それればかりではないところに立ち返ることも必要だと思っています。

賀来 精神科はある意味で最先端の医学ですよね。人間の心の世界に入り込んでいくと、科学的に割り切れない世界が残る。薬を出せばいいわけでもない。人間のいちばん奥の部分との接触、入り込んでいくことで治療が成立する世界ですね。

香山 そうなんです。ただ、そこから始まるとそこで思考停止してしまって、科学的・客観的に見なくなってしまうことを恐れた。ですから長い間、精神医療は逆に、誰もができる再現性のあることのみを過剰に求めてきたんです。でもその結果として、先生がおっしゃったような部分が切り捨てられてきてしまった面もあります。東日本大震災をはじめ悲しみを抱える人々が増える中で、割り切れない、説明がつかない話がいろいろありますからね。

賀来　牧師の世界も、薬とか器具は使いませんが、言葉を使って客観化する世界が広がってきている感じがします。論理的に成立しないとダメだとか、秩序立てて系統的に説明できるのが大事だとか。だけど、そもそも人間は論理化できる存在ではないですよね。私は認知行動タイプの心理療法交流分析をアメリカで学びました。やってみると面白いのは確かですが、それで人間が救われるかどうかは別ですね。でも自分の弱さはありありと見える。

香山　精神科の世界でも認知行動療法という、外の決められたプログラムに委ねていく（外在化）という手法が急速に広まっているのですが、それは内面を掘り下げる精神分析的な療法は意味がないからというわけではありません。認知行動療法は保険制度のないアメリカが発祥で、治療するには民間保険会社が支払いをしてくれるか確認してからです。精神分析というと期間がわからないので支払ってくれない場合があり、認知行動療法はその点で最初から期間が決まっているので好まれるそうです。

そういう理由はあるにしても、とにかく外に目を向けることが医療の世界でも出てきています。外に目を向けるときに、人間はどこに委ねるかというと、教会とか十字架とか、かたちがあるのは大きいですね。立教大学のチャペルには、素晴らしいパイプオルガンがあって、昼休みに少人数の礼拝へ行くと体に響く音がすごいんです。不謹慎かもしれませんが、この音で信仰を感じるということもあるような気がします。プロテスタントの教会はその点であっさりとしていますよね。

賀来　カトリックや聖公会、ルーテル教会は礼拝形式が決まっています。礼拝のかたちそのものがシンボルなんです。そのかたちとしてのシンボルに意味を発見して信仰を持つ人もいます。先生のおっしゃる「外在化」に通じるところがあるかもしれませんね。一般的に日本の教会は論理的なものを大事にしますから、かたちよりも説教などを大事にします。ですから説教が礼拝の中心部分となる。その分、牧師は説教にとても苦労していますね。良い説教をしなければならないと。しかし、説教という訳語自体が間違っています。もともとは、聖書が告げる救いの出来事を宣伝するという意味の「ケリュグマ」という言葉に由来しています。救いの出来事を「福音（喜びの知らせ）」として伝えるというのが本来の説教の意味なんです。「あなたは救いの出来事を見聞きしているのですよ」という告知です。

よく知られた本で『神の痛みの神学』（講談社、新版は教文館）を書いた北森嘉蔵先生は、私の神学生時代、よく言っていました。「説教はよい説教であるよりも、驚きのある説教でなければならない」と。宗教改革者ルターはこんなことを言っていますね。「神の言葉を聞いたならば驚かなければならない。驚いて神の言葉を聞くなら、人間の知恵は退き、神の知恵が働く」

驚くとは理性を越えているということですから、人間の知の世界で信仰の世界のすべてを把握することはできない。その意味ではわからないというのがいちばん正しい受け止め方かもしれませんね。でも神の知恵は、そこで働く。

――本日はありがとうございました。

（聞き手・構成　松谷信司）

おわりに

キリスト新聞社の松谷信司社長はすごい。

クリスチャンではない私の書籍を出そう、というのだから。信者の方たちに怒られないのだろうか。コワくてついに聞けないまま、出版の日を迎えてしまった。もしかして、本書が世に出るころには私も洗礼を受けて、帯に「私はこの本で洗礼を受けられました」といったキャッチコピーが書ければ、という目論見があったのかもしれないが、残念ながらそうはいかなかった。

私の父の遺骨はまだ地元・小樽市のお寺の納骨堂にあり、今年のお彼岸も母親とそこを訪れ、お坊さんにお経をあげてもらいながら心の中でそっと「神様、私にいつ〝その日〟は来るのでしょうか」と尋ね、非礼を詫びた。

私は、ちょっと難しく考えすぎているのかもしれない。

もうだいぶ前だが、ときどき日曜礼拝に出かける教会で牧師さんに「毎月の聖餐式で〝まだ洗礼を受けていない方は席でお待ちください〟と言われますが、席を立たない人は少数者だとわかるのでちょっとあせる。でも、そんな理由で洗礼を受けるのは邪道ですよね」と言ったら、「それもアリじゃないですか」という答えが返ってきて脱力した。

そう言えば私の親しい友人で、メンタルに問題を抱えた当事者などが渾身のパフォーマンスをする「こわれ者の祭典」というイベントを長く主催している月乃光司さんは、「好きな子が洗礼を受けたので自分もいい恰好をしたくて受洗した」と言っていた。聖餐式でパンをいただく列に加わりたい。好きな子の前で洗礼を受けて恰好をつけたい。そんな具体的な理由があるほうが、案外すんなり〝その日〟を迎えられるのかもしれない。

そういった個人的な話はさておき、本書の中であるときの私は信仰を持った方々の前で語り、あるときの私はキリスト教カウンセリングの第一人者である賀来周一先生と話し、とずいぶん大胆なことをしている。キリスト教関係の方から講演の依頼などがあると、私は一応、「受洗していないのですが」と説明する。そこで「そうなんですか。じゃ、やっぱり遠慮します」と言われたことも数回あるが、本書に収載された講演や対談の企画者は、「むしろ教会の外部の方のお話が聞きたいので」などと言ってくれた。それで私はすっかり味をしめてしまい、「キリスト教に近いが信者ではない、という立場の人間の存在価値もあるのかも」などとカン違いしているフシも随所で見受けられる。いい気になりすぎ、勝手なことを言いすぎ、という箇所があったら、どうぞキビシイ批判の声をお寄せいただきたい（ただし、私に直接にではなく、キリスト新聞社宛に……）。

本書が多くの人に読まれ、もし〝第2弾〟などということになったら、そのときは「私もクリスチャンになりました」と報告したいものだ。「またジョークか」と言われそうだが、これは真剣にそう思っている。だから、迷える私が晴れて〝その日〟を迎えるためにも、ぜひ多くの方に本書をお勧めいただければ幸いである。

そしてこれだけは大真面目に。本書をお読みいただきありがとうございました。そしてキリスト新聞社の松谷社長、こんな私に神様の名を冠した出版社から本を出すチャンスを与えてくれて、本当に感謝してます。また赤羽で飲みましょう（誤解なきようつけ加えておくと、ふたりでではなくて皆さんで！）。

イースターがすぎたばかりの春の日に　香山リカ

香山 リカ（かやま・りか）

精神科医、立教大学現代心理学部教授。1960年北海道生まれ。東京医科大学卒業。豊富な臨床経験を活かして、現代人の心の問題を中心にさまざまなメディアで発言を続けている。専門は精神病理学。著書に『「わかってもらいたい」という病』（廣済堂出版）、『憲法の裏側：明日の日本は…』『トランプ症候群：明日の世界は…』（ぷねうま舎）、『フェミニストとオタクはなぜ相性が悪いのか』（イースト・プレス）、『保健室と社会をつなぐ』（本の泉社）、『「いじめ」や「差別」をなくすためにできること』（ちくまプリマー新書）ほか多数。

DTP：エニウェイ

迷える社会と迷えるわたし

——精神科医が考える平和・人権・キリスト教

2018年5月25日　第1版第1刷発行

著者　香山 リカ

発行所　株式会社　キリスト新聞社

〒162-0814　東京都新宿区新小川町9-1

電話03(5579)2432

URL. http//www.kirishin.com

E-Mail. support@kirishin.com

印刷所　モリモト印刷

ISBN978-4-87395-745-6　C0016（日キ販）　Printed in Japan

乱落丁はお取り替えいたします。

キリスト新聞社

現代に生きる信仰告白

改革派教会の伝統と神学

佐藤 優◉著

教会形成への提言――

「私自身の経験に若干触れて、キリスト教信仰（とりわけプロテスタント信仰）を持つ者は、他の宗教（宗派）の信仰を持つ人、あるいは信仰を持たない人よりも、この世界の現実をよりリアルに認識することができるということについてお話ししたいと思います」（本書「プロローグ」より）

四六判・並製・168頁・本体1,700円＋税　ISBN978-4-87395-707-4

牧会の羅針盤

メンタルヘルスの視点から

同志社大学神学部教授
関谷直人◉著

「香山リカ × 関谷直人　対談
病める時代の牧師サバイバル指南」収録

牧会の現場で起こる人間関係の問題に牧師はどう向かっていくべきか。また何に気を付けるべきか。様々な事例を取り上げ、教会で起こり得る問題を切り抜け方を指南する。

A6判・並製・168頁・本体1,800円＋税
ISBN978-4-87395-665-7

キリスト教
カウンセリング講座ブックレット1

キリスト教カウンセリングの本質とその役割

キリスト教カウンセリングセンター◉編
賀来周一◉著

キリスト教カウンセリングは一般のカウンセリングとどう違うのか。スピリチュアルなものを求める時代にどのように応えるのか。キリスト教カウンセリングの本質と働きを追及する。

A5判・並製・168頁・本体1,500円＋税
ISBN978-4-87395-543-8

重版の際に定価が変わることがあります。価格は税別。